Dr. Jaerock Lee

SUDAMTU PATHIAN

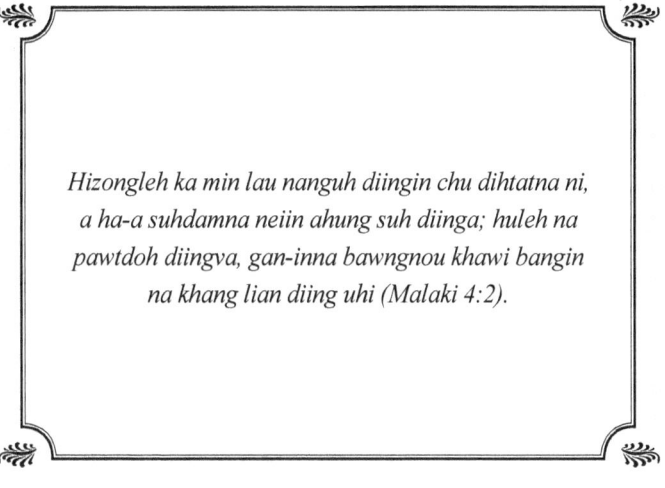

Hizongleh ka min lau nanguh diingin chu dihtatna ni, a ha-a suhdamna neiin ahung suh diinga; huleh na pawtdoh diingva, gan-inna bawngnou khawi bangin na khang lian diing uhi (Malaki 4:2).

SUDAMTU PATHIAN a gialtu Dr. Jaerock Lee
A suntu Urim Books (Palai: Johnny.H. Kim)
235-3, Guro-dong 3, Guro-gu, Seoul, Korea
www.urimbooks.com

A neitu hihna khaam veh ahi. Hi lehkhabu chu a pumpi hi'n a bawngkhat hitaleh a suahtu phalna bei a bangchizawng ahakhat a teisawn ahiai ahihlouhleh electronik, limnamdoh, khumthoh, ahihlouhleh sil dang zanga suahkhiat phal ahi sih hi.

Copyright@2009 neitu Dr. Jaerock Lee
ISBN: 979-11-263-1292-4 03230
Lehdohtheiha Copyright@2005 neitu Dr. Esther K. Chung. Phalna toh kizang ahi.

A masa a Korea haam a Urim Books in 1992 kum a a sut ahi.

Sut Khatna March 2005
Sut Khatna February 2007
Sut Khatna August 2009

Endihtu chu Dr. Geumsun Vin ahi
A cheimawitu Editorial Bureau of Urim Books
A suntu Yewon Printing Company
Tanchin kimzaw heettheihna diingin: urimbook@hotmail.com toh kithuzaah in.

A Sutna Tunga Thusoi

Khovel neihlehlam a khantouhna a kibehlap leh khang dungjuiin, tuni in mite'n hun leh natohdan valsah diing a nei tam semsem uhi. Huban ah, hinkhua chidamzaw leh nuamzaw neihna diingin, mite'n hun leh hauhsatna a veipung in huleh thuthah phatuamzaw tuamtuam a ngaihsahzaw uhi.

Bangteng hilhe, mihing hinkhua a diingin, upatna, natna, huleh sihna chu Pathian bangkim bawl thei nuai a um ahi a, sum ahihlouhleh heetna silbawltheihna in thunun thei sih hi. Huban ah, nial theih louh in kumzabi tampi sunga mihing heetna kikhawlkhawm apat a hung piangdoh damdawilam siamna sangtah um mahleh, natna suhdam theih louh leh sihpih theih natna vei mi a tham deuhdeuh hi.

Khovel khangthu jousiah ah, mipi simseenglouh gindan leh heetna tuamtuam nei – Buddha leh Confucius te tel in – a um uhi – hizongleh a bawn un hih dotna mai ah a sip veh va huleh koimah in upatna, natna, huleh sihna a pumpelh thei sih uhi. Hih dotna chu sual saltaanna leh mihingte hutdamna thu ahi, hite laha khatzaw samsam zong mihing suhveng theih ahi sih hi.

Tuni in, damdawi inn leh damdawi zuaahna tampi, baihlamtaha naih theih leh i khotaang uh natna apat suaahtaatna leh chidamsah diinga kimansa a um, a um hi. Huchi ahihvangin, i sapum leh khovel chu natna chituamtuam luna taangpi apat a kipatna leh a ziajam natna a suhdamna diing um lou toh a kidim hi. Mihingte chu khohun leh kiim leh paam ngohna lam ah a gang mahmah va ahihlouhleh ahi diing mawng a siltung ahi chi diingin mansa in a um uhi, huleh amaute chu damdawi neeh leh damdawi lam siamna ah a kinga uhi.

Damna bulpi tanna diing leh hinkhua chidam a hin na diingin, eite koipouh in natna khoi a hung kipan ahihleh chihleh bangchiin suhdamna ka tang thei diai chih i heetdoh diing uh ahi. Tanchinhoih leh thudih chu sil lang khat tuaahtuaah ahi: a pom loute a diingin haamsiatna leh gawtna koihlawh ahi huleh a pomte chu gualzawlna leh hinna in ana ngaah hi. Thudih chu, Pharisaite leh daan hilhtute, he leh pil kisate apat a phual chu Pathian deihzawng ana hi ahi; huleh thudih chu naupangte bangte, a deihte, huleh a lungtang Pathian lama hongte kawma kilatsah chu

Pathian deihzawng ahi. (Luke 10:21).

Pathian in mawltakhat in A thupiaahte mang a huleh huh dungjuia hingte gualzawlna A chiam hi, huleh Ama'n haamsiatna leh natna chikim A thupiaahte jui loute tunga A tunsah diing A gial hi (Daanpiaahkiitbu 28:1-68).

Gingloute kawm leh gingtu hi a hizongleh ana ngaihsah loute kawm a Pathian Thu heetdohsahna tungtawn in, hih lehkhabu in hutobang mimalte chu lampi dih apat in damlouhna leh natna apat suaahtaatna lampi dih ah pui a tum hi.

Na za, heet, huleh Pathian Thu a na siam zahzah in Pathian hutdamna leh suhdamna tungtawn in, damlouhna leh natna lian leh neu apat damna ana tang chiat unla, huleh chidamna nang ah um zing henla, huleh nang leh na innkuanpihte kawm i Lalpa min um hen chiin Lalpa min a ka haamteina ahi!

Jaerock Lee

A Sunga Thute

A Sutna Tunga Thusoi

Bung 1
Natna Bulpi leh Suhdamna Nizung   1

Bung 2
Dam Na Ut Ei?   15

Bung 3
Sudamtu Pathian   37

Bung 4

A Hung Haina Jalin Suhdam I Hi Uh   53

Bung 5

Damlouhnate Suhdamna Diing Silbawltheihna   73

Bung 6

Dawi -mat Suhdamna Lampite   89

Bung 7

Naaman Miphaah Ginna leh Thumanna   109

Bung 1

Natna Bulpi
Leh
Suhdamna Nizung

Malaki 4:2

Hizongleh ka min lau nanguh diingin chu dihtatna ni, a ha-a suhdamna neiin ahung suh diinga; huleh na pawtdoh diingva, gan-inna bawngnou khawi bangin na khang lian diing uhi

Natna Kipatna Jiah

Mihingte'n hih leitung a damsung va diingin hinkhua kipaah leh chidam a hin a ut va, a damtheihna diing va phatuam a kihe an chinteng a ne va, huleh daan kiphual bang a um ei chiin a hawl uhi. Khovel khantouhna leh damdawi lam a khantouhna a um vangin, natna dam thei lou apat natna leh sihpih diing khop natnate apat kihepdohna diing a um sih hi.

Hih leitung a, a um lai in mihing chu natna thuaahna apat in a suaahta thei eimah?

Mi tampite'n khohun leh boruak te a ngoh va ahihlouhleh natna chu khovel a sil um diing mawng ahi chiin a pom va, huleh damdawi neeh leh damdawi lam siamna ah a kinga uhi. Khatvei natnate leh damlouhnate kipatna a kiheetdoh kalsiah, bangteng hileh, koipouh hute apat in a suaahta diing uhi.

Bible in mikhat in natna apat bitna diinga a hinkhua a zat diingdan lampite huleh, mikhat a damlouh zongleh, damsahna a tan theihna diing lampite ahung hilh hi:

"Lalpa na Pathian uh aw nguntaha na ngaihkhiaah va, a mitmuha sildih na bawl va, a thupiaahte-a bil na doh va, huleh a thuguatte na juih u'leh Aiguptate tunga ka hung tut hi natnate na tung vah ka koih sih diing hi: ajiahchu Kei, nang hung sudamtu Lalpa ka hi," A chi a (Pawtdohbu 15:26).

Hichu Pathian, mihing hinkhua, sihna, haamsiatna, huleh gualzawlna Thu ginumtah a mihing a hung kipia ahi.

Huchi ahihleh, natna bang ahiai huleh bangchidan mikhat in natna vei ahiai? Damdawi lam ah, "natna" kichi in mikhat tahsa tunga kahiang tuamtuamte a hihmohna ahi – chidamna pangai banglou – huleh natna hii jala tahsa pumpi a um leh kithehdalh ahi. Soidan chituam in, natna chu natna – gu ahihlouhleh hii in a umsah sapum a hihmohna a pangai banglou ahi.

Pawtdohbu 9:8-9 chu utluut a gawtna Aigupta gam a hung tung diing toh kisai soina ahi:

Huleh LALPA'N Mosi leh Aaron kawmah, "Meikhuuha vut na khut dimun la unla, huch Mosi in vaan lamah Pharaoh mitmuhin theh heh. Huchu Aigupta gam jousiah ah leivui neel ahung suaah diinga, Aigupta gamsung pumpi ah mite tung leh sate tungah uiluut meimain ahung kisiamdoh diing hi," A chi a.

Pawtdohbu 11:4-7 ah, Pathian in Aigupta mite apat Israel mite A khenkhiat thu i sim uhi. Israel tate Pathian bete a diingin, gawtna a um diing ahi sih hi, Aigupta mite Pathian zong be lou huleh A deihzawng zong bawl loute a diingin, ta piang masapen a gawtna a um diing ahi.

Bible tungtawn in, natna nasan zong Pathian thuneihna nuai a um ahi a, huchiin Amah zahbawlte natna apat in A veengbit a, huleh sualna bawlte chu natna A veisah hi ajiahchu hutobang mite apat A meel heimang hi.

Huchi ahihleh, bang diinga, natna leh natna thuaahgimna um ahiai? Hikhu chu Siamtu Pathian in silsiam hun lai a natna zong siam a huchia mihing chu natna lauhuaina a, a hin diing uh ahi chihna ahiai? Siamtu Pathian in mihing a siam a huleh hoihna, dihtatna, leh lungsiatna a khovel a silbangkim A thunun ahi.

Siamchiilbu 1:26-28 chu a nuai a bang ahi:

Huleh Pathian in, i lim bang leh eimah kibatpihin mihing i siam diinga; amah u'chu tuilianpia ngate, huihkhua-a leeng vate, gantate, leitung zousiah leh, leitunga aboha vaah ganhing chinteng tungah thu i neisah diing, achi a. Huchiin Pathian in amah ngeei lim bangin mihing asiam a, Pathian lim bangin amah chu asiam hi; pasal leh numei in ama'n amahuh asiam hi. Huleh Pathian in amahuh avaangpiah a, huleh Pathian in a kawmvah, Gah tampi suang unla, hung pungta un, huleh leitung dimsuaah unla, na thuthu un umsah un; huleh tui-lianpia ngate leh, vaanlaijawla leeng vate leh, leitunga vaah ganhing chinteng tungah thu neiun, achi a."

Mihing hinna diinga kituaahtah khohun A siam nung in (Siamchiilbu 1:3-25), Pathian in Amah lim in mihing A siam a, A gualzawl a, huleh zalenna sangpen leh thuneihna A pia hi. Hun hung pai jel in, mite'n Pathian-piah gualzawlna chu A thupiaahte a man uh dungjui un a zou va, huleh Eden Huan mittui, dahna, gimthuaahna, huleh natna um louhna mun ah a teeng uhi. Pathian in A silsiam jousiah a hoih mahmah chih A muh in (Siamchiilbu 1:31), thupiaah khat A piaah hi: Huleh Lalpa Pathian in mihing kawmah, "Huana singgah chinteng na utut in na nethei hi; Hizongleh asia leh apha heetna singgah chu na neeh louh diing ahi; ajiahchu na neeh ni ni in na si ngeingei diing hi," chiin thu A pia hi (Siamchiilbu 2:16-17).

Ahihvangin, gul piltah in mite'n Pathian thupiaah a lungsim keem lou a hizongleh a nelhsiah uh chih a muh chiangin, gul in Evi, mihing kisiam masapen zi, a va heem hi. Adam leh Evi in sia leh pha heetna singkung apat theigah a neeh a, a sual chiangin (Siamchiilbu 3:1-6), Pathian in a hilhlawhsa bangin, mihing tung ah sihna ahung luut hi (Romte 6:23).

Thumanlouhna sual bawl ahih nung leh mihing in sual man a piaah a huleh sihna a tuaah nung in, mihing a hagau – a pu – zong a si a huleh Pathian leh mihing kikal kizopna ahung tan hi. Eden Huan apat in nohdoh ahi va huleh huchiin mittui, dahna, gimthuaahna, natan, huleh sihna toh ahung hing uhi. Lei a bangkim haamsiat ahung hih chiangin, ling leh louling ahung piangsah a huleh a tal va khosaul kai in a an diing uh a mu uhi (Siamchiilbu 3:16-24).

Huchiin, natna kipat pipen chu Adam thumanlouhna in a tut sualna bulpi jal ahi. Adam chu Pathian thumang lou a ana um lou bang hitaleh chu, Eden Huan apat delhdoh ahi sih diinga hizongleh chidamtahin a um zing diing hi. Soidan tuam in, mikhat tungtawn in michinteng sual ahung suaah va huleh lauhhuai leh natna chinteng gimthuaahna hinkhua ah a hing uhi. Sualna thu suveng masa lou in, koimah Pathian mitmuh in daan juihna jiahin midihtat a phuangkhiat ahi ngei sih diing hi (Romte 3:20).

Dihtatna Nisa A Hate a Suhdamna Toh

Malaki 4:2 in hichiin ahung hilh hi, "Hizongleh ka min lau nanguh diingin chu dihtatna Ni, a ha-a suhdamna neiin ahung suh diinga; huleh na pawtdoh diingva, gan-inna bawngnou khawi bangin na khang lian diing uhi." Hitah ah, dihtatna nisa kichi chu Messiah.

Mihingte natna apat siatna leh gimthuaahna lampi a paite tung ah, Pathian in A hehpihna A sulang a huleh ana guatlawhsa Jesu Khrist chu, kross tunga kikilhbeh diing leh A sisan a luang diing phalsah in, huh tungtawn in sualna jousiah apat ahung hundam hi. Hujiahin, Jesu Khrist pom koipouh in, a sualnate uh ngaihdamna a tang in, huleh hutdamna a tung va, natna apat tuin zalen in chidamna hinkhua a zang uhi. Sil jousiah ah haamsiatna tang in, mihing in a hu a haih sungteng natna lauhuaina a, a hin zing uh a ngai hi, hizongleh Pathian lungsiatna leh khotuahna vangin, natna apat zalenna lampi chu a kihongta hi.

Pathian tate'n a sisan uh luang khop a sual a dou va (Hebraite 12:4) huleh A Thu a, a hin chiangun, meikuang tobang mitt oh A veengbit huleh Hagau Siangthou baanga daai kaihkhum in huleh huihkhua a gu umte'n a sapum uh a vutluut thei sih hi. Mikhat a damlouh zongleh, a kisiih a, a lampite apat a, kihei leh, Pathian in a natna chu a halkaang diinga huleh a natna kahiangte a dam diing hi. Hichu "dihtatna nisa" tungtawn a suhdamna ahi.

Tulai damdawi siamna in 'ultraviolet suhdamna', natna dalna leh suhdamna diinga tuni a hah zat a kizang bawldoh in a um hi. Hikhu chu sapum a natnate suhdaihna diing leh sapum a damdawi umte suhdamna diingin naahpi in a phatuam hi. Hih suhdamna in ngoi natna, khuhhiip, sungkhoh, chu 99% vel a sudam thei a huleh TB, thazoi, sisan tawm, guh leh taang natna, leh vun natna a diingin zong a phatuam hi. 'Ultraviolet' suhdamna banga phatuam leh silbawlthei nasan zong, bangteng hileh, natna jousiah a diingin a zat veh theih sih hi.

"Dihtatna nisa a suhdamna hate" Bible a kigial chauh chu natna jousiah damsah thei silbawltheihna nizung ahi. Dihtatna nisa apat nizung chu natna chinteng suhdamna diingin a zat theih hi huleh mi jousiah tunga zat theih ahihjiahin, Pathian in A suhdamdan chu a mawl a, ahihvangin a buching in huleh a hoihpen ahi.

Ka biahinn uh kiphuhdoh nung sawt lou in, si diing dinmun a ding huleh jeng leh cancer natna thuaah damlou khat damlou zawngna in ahung kipuaah hi. A haam thei sih hi ajiahchu a lei a khauh a huleh a sapum a taang thei sih hi ajiahchu a sapum jousiah a jeng hi. Daktor in a ngaihna a thieh nawn louh uh ahihjiahin, damloupa zi, Pathian silbawltheihna gingta in, a pasal chu Amah kawm a kipedoh diingin a sawl hi. A hinna humbitna diinga lampi umsun chu Pathian a belh a huleh nget chauh ahi chih a heetdoh in, damloupa'n a luppum in biaah a sawm a huleh a zi in zong ginna leh lungsiatna toh nguntuhtahin a ngen hi. Hih mi nihte ginna ka muh in, kei zong hih mipa a diingin hah thum in ka thum hi. Sawtlou nung in, hih mipa a zi'n Jesu a gintaat jiaha ana soisa zingpa chu a lungtang teng botkeeh in ahung kisiih hi, huleh Pathian in suhdamna nizung ahung sawl a, Hagau Siangthou meikuang in mipa sapum ahung hai a, huleh a sapum A susiang hi. Hallelujah! Natna guuh ahung hailup chiangin, hih mipa chu ahung pai a huleh ahung taipah a, huleh ahung hoih kiit hi. Manmin membarte'n bangchituha Pathian paahtawi ahi viai huleh hih Pathian suhdamna sil limdangtah bawl a muh uh va nuam ahiviai chih soi a ngai sih hi.

Nou Ka Min Zahtaatte a Diingin

I Pathian chu bangkimbawlthei Pathian A Thu a khovel a bangkim siamtu huleh leivui apat mihing siamtu ahi. Hitobang Pathian chu i Pa uh ahung suaah a, i damlouh va ahih zongleh, i ginna toh Amah a i kingah va ahihleh, i ginna uh A mu in A he diinga huleh thanuamtahin ahung damsah diing hi. Damdawi inn a damna neih tungtaang ah a poina bangmah a um sih hi, hizongleh Amah chu A tate bangkim hepa leh bawltheipa a gingtatute, Amah guntuhtaha kou a, damna tang a huleh Amah paahtawina pete tung ah A kipaah hi..

2 Kumpipate 20:1-11 ah Hezekiah, Judah kumpi, Assyriate'n a lalgam a sim lai a damalou, hizongleh Pathian kawm a, a haamtei nung nithum zoh a damna bukim tang a huleh a damkum kum sawmlehnga kibehlappa tangthu a um hi.

Zawlnei Isaiah tungtawn in, Pathian in Hezekiah kawm ah hichiin A soi hi, "Na innsung siamtuup in, ajiahchu na si diinga na hing sih diing" (2 Kumpipate 20:1; Isaiah 38:1). Soidan tuam in, Hezekiah chu sihna thupiaah piaah in a um a huchiin a sihna diing kisakhol diing leh a lalgam leh inkuan a diinga silguanggalh diinga hilh in a um hi. Ahihvangin, Hezekiah in kintahin a baang lam a nga a huleh LALPA kawm ah a haamtei hi (2 Kumpipate 20:2). Kumpipa'n huh natna chu Pathian toh a kikal vapat hung kipan ahi chih a hedoh a, bangkim khinkhia in, huleh haamteina in a suveng hi.

Hezekiah chu Pathian kawm a naahtaha leh mittui toh haamtei a, a um chiangin, Ama'n kumpipa chu hichia hilh in thu A chiam hi, "Chiah inla, Hezekiah kawmah vasoi in, Lalpa, na pu David Pathian in hichibangin achi hi, Na haamteina ka jata, na mittui zong ka muta hi; ngaiin, na damsung nite ah kum sawmlenga ka behlap diing hi. Huleh nangmah leh hi khopi chu Assyria kumpipa khut apatin ka hunkhe diinga: hi khopi chu ka veengbit diing hi." (Isaiah 38:5-6). Hezekiah chu Pathian in, "Na haamtei ka za huleh na mittui ka mu hi" A chih laiin bangchituha a kulkal leh guntuhtaha haamtei hi diing ahiai chi i suangtuah thei hi.

Pathian Hezekiah ngetna a bukim a dawngpa'n kumpipa A damsah hi huchia nit hum sung a Pathian biaahinn a chiahtou thei diingin. Huban ah, Pathian in Hezekiah damsung chu kum sawmlehnga in A behlapsah a, Jerusalem khopi chu Assyria vauna apat in A kembit hi.

Hezekiah in Pathian silbawltheihna nuai ah mikhat hinna leh sihna a um a, amah a diingin Pathian kawm a haamtei chu a poimohpen ahi chih a hoihtahin a hechian hi. Pathian chu Hezekiah kingaihngiamna lungtang leh ginna ah A kipaah mahmah a, kumpipa damna diing A chiam a, huleh Hezekiah in a suhdaman chiamchihna a hawl laiin, a liim kal sawm chiang Ahaz kalbi ah A kinunglehsah hi (2 Kumpipate 20:11). I Pathian chu sudamtu Pathian ahi huleh a hawl photmah kawm a petu Pa ngaihtuahna nei ahi.

A lehlam ah, 2 Khangthu 16:12-13 ah hichiin a kigial hi,

"Huleh kum sawmthum leh kum kuaah a lal kumin Asa chu a keeng ahung meima ta a, a natna chu ahung huaise tulhtulh ta hi: ahiinlah a natna ah ama'n Lalpa ahawl sih a, damdawisiamte adong jaw hi. Huchiin Asa chu a pulepate kawmah a ihmuta a, kum sawmli leh kum khat alal kumin asita hi." Laltouphah a ahung tou tuung laiin, "Asa in LALPA mitmuh in silhoih a bawl hi, a pa David bangin" (1 Kumpipate 15:11). Amah chu a tuung in mipil ahi a hizongleh Pathian a, a ginna awl a ahung mansah a huleh mihing a ahung kingah semsem chiangin kumpipa'n Pathian apat in panpihna a mu thei nawn sih hi.

Baasha, Israel kumpipa'n, Judah a sim laiin, Asa in Pathian muang lou in, Ben-Hadad, Aram kumpipa, tung ah a kingazaw hi. Hikhu jiahin Asa chu muthei Hanani in a taai a, hizongleh a lampi a heng sih a huleh muthei chu suangkul ah a khum a huleh a mite a gawt hi (2 Khangthu 16:7-10).

Asa chu kumpipa Aram tung a, a kingah ma in, Pathian chu Aram sepaihte lah ah A kigolh a huchiin Judah a zou sih uhi. Asa chu Pathian sanga Aram kumpi tunga a kingah kalsiah, Judah kumpipa'n Amah apat panpihna bangmah a dong nawn sih hi. Huban ah, Asa Pathian sanga damdawi siamte tung a kinga tung ah A lungkimta sih hi. Asa in Pathian a, a gintaatdan phuangdoh mahleh, natoh a bangmah a latsah louh jiahin leh

Pathian a kouh louh jiahin, bangkim bawl thei Pathian in kumpipa a diingin bangmah bawl theih a nei sih hi.

I Pathian apat suhdamna nizung in natna chinteng a sudam thei a huleh huchiin zengte zong a ding thei leh pai thei in, mittawte'n mu thei in, bilngongte'n khua za in, huleh misite hung hing kiit in a um thei uhi. Hujiahin, Sudamtu Pathian in silbawltheihna tawp nei lou A neih jiahin, natna bangchituha huaisia chih in umzia a nei sih hi. Natna maimai hitaang leh natna giltah cancer tan ah, Sudamtu Pathian a diingin a kibang ahi. A poimohzaw chu lungtang hukhu toh Pathian mai a i hung theihna khuh ahi; Asa ahihlouhleh Hezekiah a tobang hitaleh.

Jesu Khrist na pom a, sualna suhvengna diing dawnna na tan a, ginna jala midihtat a ngaih a, lungtang kingaingiam leh Hezekiah a tobang a ginna natoh in a juih toh Pathian sulungkim a, natna khat pouhpouh leh a bawn a damna, leh hinkhua chidam na hung neih chu, Lalpa min a ka haamteina ahi!

Bung 2

Dam Na Ut Ei?

Johan 5:5-6

Huleh hutah ah kum sawmthum leh giat damlou mi khat aum a.

Jesu'n amah lum amuhin, huleh hutobangin hun sawtpi um ahita chih aheetin akawmah, Suhdam na ut ei? a chi a."

Dam Na Ut Ei?

Mihing, a ma a Pathian ana he lou, buaina tuamtuam nei a, huleh Amah ana hawl a huleh A ma a hung pai, tampi a um uhi. Mi khenkhatte chu a sia leh pha heetna hoih uh zang a Amah kawm a hung a um va huleh khenkhatte ahihleh tanchinhoih a za zoh chiang va hung a um uhi. Khenkhatte ahihleh sumhawlna a lohsapna ahihlouhleh inkuan kituaahlouhna tungtawn a lungbuai a Pathian hawl a hung a um uhi. Huban ah khenkhatte chu tahsa tung a natna ahihlouhleh sih lauhna jiaha lungtang thawmhau a hung a um uhi.

Mibang lou kum sawmthum leh giat sung natna thuaah a Bethesda diil kawm a umpa'n ana bawl banga, Pathian kawm a na natna jousiah na ngah a damna na muhna diingin, mikhat in sildangteng sangin suhdamna a lungguhzaw diing ahi.

Jerusalem a Belaam Kotkhaah kawm ah, diil khat Hebrai haam a "Bethesda" kichi a um hi. Hichu inn liin nga in a umkiimvel a, hutah ah mittaw, keengbai, huleh jengte a kikhawm va a lum uhi ajiahchu taangthu kisoi khat a vangkim a Pathian angel hung in a tohliing chih a um hi. Huleh hichibang gintaatthu kisoi khat a um hi, huchu diil a tui a kitohliing teng in huh diil, a min "Khotuahna Inn" chihna a luut masapen chu a natna apat suhdam in um hi.

Kum sawmthum leh giat diil gei a lum A muh in, huleh mipa chu bangtan sung ana genthei ahiai chih he in, Jesu'n hichiin a dong hi, "Dam na ut ei?" Mipa'n hichiin a dawnbut hi, "Damloupa'n, Pu, tui kitoh chianga diila hung koih diing mi ka nei sih; ka chiah chiangin mi dangin ahung makhelh veu hi, achi a." (Johan 5:7). Hikhu tungtawn in, mipa'n Lalpa kawm ah kiphuanna a nei hi huchia am'n damn deih mahmah zongleh, amah leh amah in ahung kalsuan thei sih. I Lalpa'n mipa lungtang A mu a, huleh hichiin a hilh hi, "Thou inla, na puanlom la inla pai in," huleh thakhat in mipa ahung dam hi: a pheeh a la a huleh a paita hi (Johan 5:8).

Jesu Khrist Na Pom Diing ahi

Mibangloupa kum sawmthum leh giat damloupa'n Jesu Khrist a muhtahin, thakhat in damna a tangta hi. Jesu Khrist, hinna bul dihtah, ahung gintaat chiangin, mipa chu a sualna jousiah ngaihdam ahi a huleh a natna chu suhdam in a um hi.

Na lah vah koitobang natna jala gimthuaah na um viai? Natna na vei a huleh Pathian mai a na hung ut a huleh damna na tan utleh, Jesu Khrist na pom diing a, Pathian tan a hung hih a, huleh nang leh Pathian kikal daltu na koihmang theihna diingin ngaihdamna na tan a ngai hi. Pathian chu bangkim bawl thei leh bangkim he ahi a, silmah khat pouhpouh A bawl thei veh hi chih gingta in. Jesu meikuang sa jalin i natnate jousiah apat a suaahtaatsah i hi chih zong i gintaat diing va huleh Jesu Khrist min a nah awl chiangin damsah na hi diing hi.

Hitobang ginna toh i nget chiang un, Pathian in i ginna haamteina uh A ngaikhe diing a huleh suhdamna natoh ahung langsah diing hi. Na natna bangtan hita in ahihlouhleh bangchituha khawh hi mahleh, Pathian kawm a na natna jousiah laan ngeingei inla, Pathian silbawltheihna in ahung suhdam chiangin na hung buching kiit thei chih muang in.

Mark 2:3-12 sung a mijeng kisoipa'n Jesu Capernaum ah A hung chih a za in, huh mipa chu A ma a pai a ut hi. Jesu'n natna chi tuamtuam nei mite A sudam a, dawite A nohdoh a, huleh phaahte A sudam chih a za chiangin, mijengpa'n chu a gintaat a ahihleh ama'n zong damna a tang thei chih a gingta hi. Mijengpa'n mipite jiah a Jesu kawm naih a chiah thei lou ahi chih a heet chiangin, Jesu umna inn tung pheet vangin a lawite panpihna toh Jesu mai ah a pheeh zat in a kikhaikhesuh hi.

Hichi chiang a bawlna ah mijengpa chu bangchituha Jesu mai a pai ut ahiai chih na ngaihtuah thei ei? Hih mijengpa, mipite jiaha a utna na a kisuan lehleh thei loupa'n a lawite panpihna toh a ginna leh kipumpiahna a suhlat chiangin Jesu'n bangchiin A dawnbut ei? Jesu'n mijengpa a umdan heet louh jiahin a tai sih a hizongleh a kawm ah hichiin A chi hi, "Tapa, na sualna ngaihdam ahi," huleh A dingsah a huleh a paingal hi.

Thupilte 8:17 ah Pathian in hichiin ahung hilh hi, "Ahung lungsiatte chu ka lungsiat a; huleh guntuhtaha hung hawlte'n ahung mu diing uhi." Natna gimthuaahna apat na zalen ut leh, suhdamna na lunggulh a, natna sudam thei Pathian silbawltheihna na gintaat a, huleh Jesu Khrist na pom diing ahi.

Sualna Baang Na Suhsiat Diing Ahi

Bangzah a na gintaat zongleh chin Pathian silbawltheihna in ahung sudam thei, nang leh Pathian kal a sualna baang a um leh Ama'n na tung ah na A tong thei sih hi. Hukhu jiahin Isaiah 1:15-17 sung ah hichiin Pathian in ahung hilh hi, "Huleh na khut uh na jaah chiangun zong, ka mit ka hung huumsan diinga: ahi, haamteina tampi bawl zong le'uchin ka hung ngaikhe sih diing: na khutte uh sisanin adimta hi. Kisil unla, kisusiangthou un; ka ma akipatin na silbawl giloute uh koihmang unla; gilou bawl tawpun; Silhoih bawl jil unla; vaihawmna dih hawl unla, nuaisiaha umte panpih unla, pabeite vaihawmsah unla, meithai thu gensah un, achi hi" huleh, a baan a chang ah, thu A chiam hi, "Lalpan, Tuin hung unla, i ngaihtuah khawm diing uh, na sualte uh sanau bangin um mahleh vuuh bangin avaam diinga, sandup bangin um mahleh belaammul bangin aum diing hi." A nuai a bang zong Isaiah 59:1-3 ah i mu hi:

Ngai in, Lalpa khut chu hundam thei lou diingin suhtomin aum siha; a bil zong ja thei lou diingin angong saam sih hi.
Hizongleh na thulimlouhnate uh nanguh leh Pathian kaala kiain ahung sukhena, huleh ahung jaah theih louh nadiingin na sualnate un a maai aliahsah hi.
Bangjiahin ahiai i chih leh na khutte uh sisana suhnitin auma, na khutjungte uh thulimlouhna a suhnitin aum hi; na kamun juau thu asoia; na muuh uh lelouhna geenin achiaah nuinui hi.

Pathian he lou leh Jesu Khrist pom lou mite, huleh amau chamcham a hingte'n misual ahihlam uh a he sih uhi. Mite'n Jesu Khrist chu a Hundampa va a pom va huleh Hagau Siangthou chu silpiaah banga a pom chiangun, Hagau Siangthou in sualna leh dihtatna leh vaihawmna toh kisai a kihedohsah diing a, huleh misual ahihna uh a hedoh un a kiphuang diing uhi (Johan 16:8-11).

Ahihvangin, mite'n sualna kichi a bukim a, a heet louh hun uh um ahih jiahin, sual leh gilou a paihmang thei sih va Pathian apat dawnna a tang thei sih va, huchiin A mitmuh a sual in bangteng huamkha ahiai chih a heet masat diing uh ahi. Hih natna leh damlouhna chu sualna apat hungpiangkhia ahihjiahin, nang leh nang na kiet kiit a huleh sualna baang na suhsiat chiang chauh in suhdamna natoh kintah na tang thei giap hi. Sualna kichi bang ahiai huleh sualna baang bangchi suhchip diing ahiai chih toh kisai Bible in bang a chi soi ei chih i ensuh diing uhi.

1. Pathian a ginna na neih louh khu na kisiih a huleh Jesu Khrist na pom diing ahi.

Bible in Pathian i gintaat louhna leh Jesu Khrist i Hundampa a i pom louh chu sual ahi chiin ahung hilh hi. (Johan 16:9).

Gingtu hilou mi tampite'n hindan hoih in ka hing uh a chi uhi hizongleh hih mite amau leh amau dihtahin a kihechian thei sih uhi ajiahchu thudih Thu – Pathian vaah – a he sih uhi – huleh thudih leh thuzuau a khen thei sih uhi.

Mikhat chu hinkhua hoih a hing chiin kimuang mahmmah zongleh, thudih, Pathian bangkimbawlthei khovel silbangkim siampa huleh hinna, sihna, haamsiatna, huleh gualzawlna tung a thuneipa Thu, in a hinkhua uh a salh chiangin, dihtatlouhna leh thudihlou tampi a muh ahung hi diing hi. Hujiahin Bibel in hichiin ahung hilh hi, "Koimah midihtat a um sih, khat mahzong a um sih hi" (Romte 3:10), huleh "Hujiahin daan silbawlte jiahin koimah Pathian mitmuhin siamtangin aum sih diing uh; bangjiahin ahiai ichihleh daan jiahin sual kiheetna ahung um hi" (Romte 3:20). Pathian a na gintaat louh leh Jesu Khrist na pom louh na kisiih nung a Jesu Khrist na pom a huleh Pathian tan a hung hih chiangin, bangkimbawl thei Pathian chu na Pa ahung hi diinga, huleh bangtobang natna na neih dawnna na mu diing hi.

2. Na sanggamte na lungsiat louh na kisiih diing ahi.

Bible in hichiin ahung hilh hi, "Deihtahte, Pathian in hichilawma ahung lungsiat leh, eihaw zong khatle khat i kilungsiat diing uh ahi" (1 Johan 4:11). Huleh i meelmate tanpha nasan lungsiat diingin ahung hilh hi (Matthai 5:44). I sanggamte i huat va ahihleh, Pathian Thu mang i hi sih diing va, huleh huchiin i sual zing diing uhi.

Ajiahchu Jesu'n kross a kikilhbeh in sual leh gilou a um mihingte A lungsiatna A langsah hi, ei a diingin chu i nulehpate, tate, huleh sanggamte chauh lungsiat a dih hi. Pathian mitmuh in eite'n sil neucha jiaha i huat va huleh i ngaihdam theih louh va khat leh khat tung a i kilungnop louh va huleh i kiheetsiam louh uh a dih sih hi.

Matthai 18:23-35 ah, Jesu a nuai tehkhinthu A soi hi:

Hujiahin vaan gam chu kumpipa koi aha a suaahte kawma sum hisaap suhphel tum toh tehkhin ahi. Ahung suhphel pat-a ahihleh, mi khat talen saang sawm ba akawmah ahung puui va. Hizongleh ama'n piaah diing aneih louh tahin a puin chu amah, a ji leh a tate toh, huleh aneih jousiah toh juaaha dit diing thu a pia a. Hujiahin suaahpa'n chu khupbawhin a bia a, Pu, ka tungah thuaah thei tadih inla, abawnin ka hung dit diing, achi a. Huin hu suaahpa puin amah chu a hehpihta mah maha, a haha, a bat a ngaidamta hi. Hizongleh hu suaahpa chu apawta, a suaah hihpihte laha khat amah sum jakhat ba chu ava mua, amah chu a mana, Na bat hung pian chiin a lawl ameeha. Huchiin a suaah hihpihpa chu a keeng bulah a puuha, Ka tungah thuaahthei tadihin, ka hung dit veh diing, chiin a ngeena. Ahihvangin amah a uh siha; a bat adit joh masiah suangkul ah ava khumta a. Asuaah hihpihten a silbawl chu amuh un, a lunghimoh mah mah va, huleh ahung va, sil umtan jousiah apu uh a hung hilhta uhi.

32 Huphetin a puin amah chu a koua, a kawmah, O suaah giloupa, na hung nget nguut nguut jiaha na bat jousiah hung ngaidam hi'nga; Ke'n nang ka hung hehpih banga nang zong na

suaah hihpihpa na hehpih saam diing hilou maw? achi a. Huin a pu chu a thangtawmta a, abat jousiah a dit joh masiah migawtte kawmah a peta hi. Nanguh koipouhin na lungtang tahva na unaute a tatleehna uh na ngaihdam louh u'leh, Vaana um ka Pa'n zong huchibangin na tungvah abawlve diing ahi, achi a.

Pa Pathian ngaihdamna leh khotuahna tang mah zonglei, i sanggamte dih louhna leh chinglouhna pompih thei lou a ahihlouhleh ut lou a, huchih naah sang in, kimeelma in, kimudah in, kihua in, huleh khat leh khat kithangtawmsuah in i umzaw viaimah? Pathian in hichiin ahung hilh hi, "Hizongleh kenchu na kawmvah ka soi ahi, Koipouh numei enlahtah-a enin a lungsimah amahnu toh a aangkawm jouta ahi" (1 Johan 3:15), "Nanguh koipouhin na lungtang tahva na unaute a tatleehna uh na ngaihdam louh u'leh, Vaana um ka Pa'n zong huchibangin na tungvah abawlve diing ahi, achi a" (Matthai 18:35), huleh eite chu "Unaute, khat leh khat kiphunsan sih un, siamlouh tansahin na um kha diing uhi; ngaiun, vaihawmtu chu kotkhaah bulah aum ahi" (Jakob 5:9).

I sanggamte ana lungsiat lou a ina huat leh, eite zong sual i hi va huleh Hagau Siangthou in i dim sih diing va, hizongleh I china diing uhi. Hujiahin, i sanggamte'n ang huat va huleh a suhlungkiat zong uleh, huatna leh lungkiatsahna toh i thu diing uh ahi sih a hizongleh i lungtang uh thutah toh i venbit va, hesiam in, huleh i ngaidam diing uh ahi. I lungtang in hutobang sanggamte a diinga lungsiatna haamteina a lat theih diing ahi. Hagau Siangthou panpihna toh i heetsiam a, i ngaihdam a, huleh khat leh khat i kilungsiat chiang un, Pathian in A khotuahna leh hehpihna ahung musah diinga, huleh suhdamna natohna ahung langsah diing hi.

3. Duhamna toh ana haamtei na hihleh na kisiih diing ahi.

Jesu naupang hagau in a mat A suhdam in, A nungjuite'n hichia a dot laiun, "Bang a chia en kidelhdoh thei lou ahia?" (Mark 9:28) Jesu'n hichiin A dawng hi, "Hitobang sil chu haamteina loungal in a piangdoh thei sih hi" (Mark 9:29).

Bangtanahakhat a suhdamna i muh theihna diingun, haamteina leh In order to receive healing of a certain degree, leh ngetna lat diing ahi. Ahihvangin, mahni masialna a haamteina chu dawn ahi sih diing hi ajiahichu hutobangte ah Pathian A kipaah sih hi. Pathian in hichiin thu ahung piaah hi, "Hujiahin na neeh un hileh, na dawn un hileh, na bawl photmah uh Pathian loupina diingin bawlveh un" (1 Korinthete 10:31).

Hujiahin, i silzilte leh minthanna ahihlouhleh silbawltheihna in a tuppen chu Pathian loupina diing ahih diing ahi. Jakob 4:2-3 sung ah hichibang in i mu hi, "Na lunggulhva, na nei tuan sih uhi; tual na thatva, na deihgohva, na nei jou tuan sih uh; na kidouva, gaal na bawl uh, nanei diaah sih uh, na nget louh jiahun. Na ngeenva, na nget dih louh jiahun na mu sih uh, na nopsahna diing va jat na tup jiahun."

Hinkhua chidam neihna diinga suhdamna nget chu Pathian loupina diing ahi; na nget chiangin dawnna na mu diing hi. Ahihvangin, na nget a zong damna na muh louhleh, Pathian in a leh tampi a sil thupizaw hung pe ut mahleh thudih dungjui hi lou khat ngenkha na hih jiah ahi diing hi.

Bangtobang haamteina in Pathian A kipaahsah ei? Matthai 6:33 a Jesu'n hichibanga ahung hilh dungjuiin, "Hizongleh nangun chu Pathian gam leh adihtatna hawl masa un; huleh hi silte jousiah piahbeh na hi diing uhi" ann, puansilh, leh a dangdangte ngaihkhawh ssangin, A lalgam leh A dihtatna, huleh tanchinpha soina leh siangthouna diinga haamteina i lat masat diing uh ahi. Huchiang chauh in Pathian in na lungtang deihzawng ahung dawng diinga huleh na natna damna bukim ahung diing hi.

4. Ginlelhna toh nana haamtei a ahihleh na kisiih diing ahi.

Pathian chu mikhat ginna sulangtu haamteina jiahin A kipaah hi. Hih tungtaang Hebraite 11:6 ah hichiin a kigial hi, "Hizongleh ginna louin chu amah kipaahsah gual ahi sih hi; ajiahchu Pathian kawma hung inchu amah aum chih leh, amah guntuhtaha hawltute kawma kipaahman petu ahi chih agintaat diing ahi." Huchi mahbangin, Jakob 1:6-7 in hichiin ahung hedohsah kiit hi, "Hizongleh, ginglel hetlouin ginna neiin ngeen heh. Ajiahchu ginglel mi chu tuikhanglian kinawh, huih muut leeng lehleh bang ahi. Hujiahin, huchibang min chu Lalpa apat bangmah muh kigingta sih heh."

Haamteina ginlelhna toh kilaan in Pathian silbangkim bawl thei a gintaatlouhna, A silbawltheihna suhmualphouna, huleh bangmah bawl thei lou Pathian hihsahna a kawh hi. Kintaha na kisiih diinga, ginna a pulehpate nung na juih a, huleh na lungtang a na gintaat theihna diinga ginna nei diinga kuhkaltah leh guntuhtaha na haamtei diing ahi.

Bible ah tampi vei, Jesu'n ginna thupitah neite A lungsiat a, huleh A natongtu diingin A tel a, huleh A natohna chu amaute tungtawn leh amaute toh A semkhia hi. Mite'n a ginna uh a suhlat zoh louh chiangun, Jesu'n a nungjuite nasan zong a ginna uh tawm jiahin A tai hi (Matthai 8:23-27), hizongleh ginna thupitah neite A phat in A lungsiat hi, Gentelte nasan hi uleh (Matthai 8:10).

Bangchi'n na haamtei in huleh bangtobang ginna na nei ei?

Sepaih za houtu khat chu Matthai 8:5-13 ah, Jesu kawm ah a hung a huleh a suaahte khat inn a jeng leh gimthuaah a lum sudam in ahung ngen hi. Jesu'n sepaih za houtupa hichia, "Ka hung diinga ka hung sudam diing," chia A soi chiangin, sepaih za houtu in, "Lalpa, nang ka inn a na hung luut diing chu ka phu sih hi, hizongleh thu hung pia in, huleh ka suaah chu suhdam ahi mai diing hi," huleh Jesu kawm ah a ginna thupitah a sulang hi. Sepaih za houtupa dawnna A za chiangin, Jesu chu a kipaah mahmah a huleh hichiin A phat hi, "Israel ah hutobang a ginna thupi ka mukha sih hi." Huh daahkal mahin a suaahpa a dam ngal hi.

Mark 5:21-43 ah suhdamna natoh limdangtah toh kisai siltung khat a kigial hi. Jesu chu tuipi pang a, A um lai in, kikhopna mun vaihawmtu Jairus kichi a hung a huleh A keengbul ah a khupboh hi. Jairus in Jesu kawm ah a ngen hi. "Ka tanu neupen chu si diingin a kisa hi; hehpihtahin hung in Na khut a tung ah hung nga in, huchiin ahung dam diing a huleh a hing diing."

Jesu chu Jairus toh kiton a, a pailai uh, numei khat kum

sawmlehnih sipawt toh a kituaah uhi. Daktor tampi enkolna nuai ah ana thuaah toutou a huleh a neih jousiah a zang beita hi, ahihvangin hoihlam sangin siatlam a nawt zaw hi.

Huh numei in Jesu chu naitaha um ahi a chih a za a huleh mipi Jesu nung juite lah ah, A nung ah ahung pai A puan mong a va khoih hi. Ajiahchu huh numei in, "A puan mong ka va khoih a ahihleh, ka dam diing," chih a gingta hi, numeinu'n Jesu puan mong a khoih chiangin, a sipawt chu ahung khawl hi; huleh a gimthuaahna a beita chih a sapum in a he hi. Thakhat in Jesu'n, Amah in Amah apat silbawltheihna a pawtdoh chih he in, mipi lah lam a kihei in, "Koi ahiai ka puan mong khoih," A chi hi. Numei nu'n thudih ahung soidoh chiangin, "Ka tanu, na ginna in ahung sudam hi; muangtahin pai inla huleh na natna chu damta hi," A chi hi. Ama'n numeinu chu hutdamna leh chidamna gualzawlna A pia hi.

Hu laitahin, Jairus inn apat in mi a hung va hichiin thu ahung tut uhi, "Na tanu a sita." Jesu'n Jairus A hamuan a huleh hichiin A hilh hi, "Lauthawng sin, gingta mai in," huleh Jairus inn lam juan in chiah uhi. Hutah ah, Jesu'n mite kawm ahi, "Naupang chu a si sih a hizongleh a ihmu ahi," huleh naupang kawm ah hichiin A chi hi, ""'Talitha koum!' (a umzia ahihleh "Naupangnu, ka hung hilh ahi, thoudoh in!"!)". Thakhat in naupang a dingdoh a huleh a pai pah ngal hi.

Ginna a na nget chiangin, natna huaisetah zong suhdam theih leh misisa zong kaihthoh theih ahi chih gingta in. tu hun chianga ginglel a na haamtei leh huh sualna kisiih in damna tang inla huleh haattahin um in.

5. Pathian thupiaahte na man louhna apat kisiih in

Johan 14:21 ah, Jesu'n hichiin ahung hilh hi, "Koipouh ka thupiaahte neia, jui chu, kei hung lungsiat ahi; huleh koipouh kei hung lungsiat chu ka Pa lungsiatin aum diinga, ken amah ka lungsiat diinga, akawmah ka kilaah diing." 1 Johan 3:21-22 ah hichia heetsah in i um hi, "Deihtahte, i lungtangin siamlouh ahung tansah louh leh Pathian lamah i haang ahi. Huleh a thupiaahte i juih a, a mitmuha sil kipaahhuaite i bawl jiahin i nget photmah amah a'pat i mu hi." Misual chu Pathian mai ah a kimuang thei sih hi. Ahihvangin, i lungtang chu thudih Thu a buuh a, a um chiang, a zahum a huleh mohbei ahihleh, Pathian kawm ah i ut ut uh i ngen thei uhi.

Hujiahin, Pathian a gingtu khat hihna dawl ah, Thupiaah Sawmte na zil a huleh na heet diing ahi, huchi Bible lehkhabu sawmguup leh guupte laahtom ahi, huleh na hinkhua a bangzah in thu mang lou ahiai chih na hedoh diing hi.

I. Ka lungtang ah Pathian chih louh pathian dang ka neikha ei?
II. Ka silneih, tate, sumhawlna, huleh a dangdangte milim in ka bawl in ka biaah ei?
III. Pathian min a mawh in ka lou ei?
IV. Khawlni ka tang gige ei?
V. Ka nu leh pate ka zah gige ei?
VI. Ka sanggampa ahiai ka sanggamnu hua in ahihlouhleh sual sah in tahsalam ahihlouhleh hagaulam tual ka that ei?
VII. Ang ka kawm ei, ka lungtang nasan ah?
VIII. Ka guta ei?
IX. Ka innveengte tung ah heetpihtu dih lou in ka pang ei?
X. Ka innveengte neihsa ka eng ngei ei?

Huban ah, na nunglam na et kiit a huleh Pathian thupiaah na innveengte nang kilungsiat banga na lungsiatna tungtawn in na jui ei chih na et diing ahi. Pathian thupiaah na juih a huleh Amah na nget leh, Pathian silbawltheihna in natna chinteng ahung suhdamsah diing hi.

6. Pathian a na kichituh louh na kisiih diing ahi.

Pathian in khovel silbangkim A thunun dungjuiin, hagaulam lalgam a diingin daan lomkhat A siam a huleh, vaihawmtu dihtat ahih dungjuiin silbangkim chu ahi diing dantahin A pui in huleh A enkol hi.

Daniel 6 ah, Kumpi Darius chu, kumpi hizongleh, dinmun hahsatah chihchu a suaahpa Daniel humpite kul sung apat hutdoh theih louhna hun a ding hi. A daan amah ngei gelh a juih jiahin, Darius in amah ngei bawl daan a mang lou thei sih hi. Kumpite chu daan botsetu a, a pan uleh koi in amah a ngaikhia dia huleh a na a tohsah diai? Hujiahin, a suaah deihtah Daniel chu humpi kul a sehluut diingin migiloute silbawl jiahin ding mahleh, Darius in a bawl theih bangmah a um sih hi.

Huchi mahbangin, Pathian in Amah bawlsa daan A botse thei sih a, khovel a sil jousiah chu A thuneihna nuai ah daan bang chet in a pai hi. Hujiahin, "Heemin um sih un; Pathian chu muhsit gual ahi sih hi; ajiahchu mi'n atuh phot uh, humah chu a aatkiit diing uhi" (Galatiate 6:7).

Haamteina a na tuh zahzah, dawnna na mu diinga huleh hagaulam ah na khang diing hi, huleh na sunglam chu suhhaat ahi diinga, huleh na hagau suhthah ahi diing hi. Damlouhna na neih leh ahihleh natna na neih a, hizongleh biaahna kikhopna hun a guntuhtaha na telna tungtawn a Pathian diinga na lungsiatna ah hun na chituh in chu, chidamna gualzawlna na tang diinga huleh na sapum kiheng in na he diing hi. Pathian a hauhsatna na tuh leh, sawina apat in ahung veengbit in ahung nang diing hi huleh hauhsatna thupizaw ahung pe diing hi.

Pathian a chituh bangchituha poimoh ahiai chih heetsiamna tungtawn in, hih khovel a mangthang diing a diinga kinepna na paihmang a huleh ginna dihtah toh vaangam a na lawmman diing na khawl leh, Pathian bangkim bawl thei in hun teng in hinkhua chidamna ah ahung pui diing hi.

Pathian Thu toh, Pathian leh mihing kikaal a baang hung hi bang ahiai chih leh, bang diinga natna gimthuaahna a ana um i hiviai chih i enta uhi. Pathian a gintaatna na neih nai louh a damlouhna na thuaah leh, Jesu chu na Hundampa in pom inla huleh Khrist ah hinkhua pan in. Tahsa sulum theite laau sin. Hu sangin, tahsa leh hagau meidiil sawlluut theipa laau in, na nulepate, na sanggamte, na zi/pasalte, a sungnu leh sungpa, huleh a dangteng gawtna apat in hutdamna Pathian ah na ginna chu veengbit in. Pathian in na ginna ahung heet chiangin, na ahung tong diing a huleh huchiin suhdamna khotuahna na hung tang thei diing hi.

Gingtu khat na hih a huleh natna na thuaah leh, nang ah gilou, huatna, thangsiatna, enna, dihtatlouhna, thanghuaina, duhamna, tupna dihlou, muhdahna, kisahtheihna, huleh a dangdang, a um nalai eimah chih nang leh nang kien kiit in. Pathian a haamteina leh A khotuahna leh hehpihna jala ngaihdamna tang in, na damlouhna dawnna zong tang in.

Mi tampite Pathian toh kinial sawm in a um uhi. Pathian in a natna uleh damlouhna A suhdamsah masat a ahihleh, Jesu a gingta diing va huleh hoihtahin a jui diing uhi. Ahihvangin, Pathian in michih lungtang lailung A heet jiahin, mite hagaulam susiang masa in Amah michih a tahsalam uh natnat A sudam diing hi.

Mihing ngaihtuahna leh Pathian ngaihtuah kibang lou ahi chih heetsiamna tungtawn in, Pathian deihzawng na man masat diinga huchiin na hagau chu na natna suhdamna gualzawlna na tan dungjuia ahung hoih chu, Lalpa min a ka haamteina ahi!

Bung 3

Sudamtu Pathian

Pawtdohbu 15:26

Lalpa na Pathian uh aw nguntaha na ngaihkhiaahva, a mitmuha sildih na bawlva, a thupiaahte-a bil na dohva, huleh a thuguatte na juih u'leh Aiguptate tunga ka hung tut hi natnate na tungvah ka koih sih diing hi: ajiahchu Kei, nang hung sudamtu LALPA ka hi, achi a.

Bang Diinga Mihing Damlou Ahiai?

Sudamtu Pathian in A tate jousiah hinkhua chidam a hing diingin deih mahleh, mi tamtah chu natna gimthuaah in, a natna uh damna diing bangmah bawl thei lou in a um uhi. Bangkim a tung photmah in jiah a neih jiahin, natna himhim a jiah a um veh hi. Natna khat pouhpouh a jiah heetdoh ahih chiangin a suhdamna diing zong a um hi, suhdamna lunggulh jousiah a diingin a natna uh kipatna a heetdoh masat diing hi. Pawtdohbu 15:26 apat Pathian Thu toh, natna hung kipatna leh natna apat zalen diingdan, huleh natan apat zalenn diingdan leh hinkhua chidam a hin diingdan lampi i ensuh diing uhi.

"LALPA" chu Pathian diinga min kipiaah ahi, huleh hichu "KA HIH CHU KA HI" chia ding ahi (Pawtdohbu 3:14). A min in zong sil hing dangte jousiah chu Siangthoupen Pathian thuneihna nuai a um ahi chih a kawh hi. Pathian Amah leh Amah "LALPA, noute sudamte" A kichihdan apat in (Pawtdohbu 15:26), natna thuaahgimna apat eite hung zalensahtu Pathian lungsiatna leh leh huh natna sudamtu Pathian silbawltheihna i he uhi.

Pawtdohbu 15:26 ah, Pathian in hichiin ahung chiam hi, "Lalpa na Pathian uh aw nguntaha na ngaihkhiaahva, a mitmuha sildih na bawlva, a thupiaahte-a bil na dohva, huleh a thuguatte na juih u'leh Aiguptate tunga ka hung tut hi natnate na tungvah ka koih sih diing hi: ajiahchu Kei, nang hung sudamtu LALPA ka hi, achi a." Hujiahin, na damlouh leh, A aw pilvangtaha nana ngaihkhiah louh, A mitmuh a sil dih nana bawl louh, huleh A thupiaahte na ngaihsah louh chetna ahi.

Pathian tate chu vaangam khua leh tui mite ahihjiahun, vaangam daan dung a jui diing uhi. Ahihvangin, vaangam khua leh tui mite'n a daante a juih louh va ahihleh, Pathian in amaute A veengbit thei sih diing hi ajiahchu sualna chu daanbeina ahi. (1 Johan 3:4). Huchiangleh, natna thahatna in a pailet diinga, Pathian ta thumangloute chu natna gimthuaahna nuai ahi.

Bangchidan a damlou i hiva, natna kipatna bang ahiai, huleh Sudamtu Pathian silbawltheihna in natna thuaah eite ahung suhdam ahiai chi a bukim in i ensuh diing uhi.

Mikhat A Sualna Jiaha Damlouhna A Tuaah Tehkhinna

Bible pumpi ah, Pathian in sualna chu natna kipatna ahi chih ahung hilh ahung hilh hi. Johan 5:14 in hichiin a gial hi, "A nunglamin Jesu'n amah Pathian biahinnah amu a, a kawm ah,

Ngaiin, suhdamin na um ta hi, sual kiit nawn sin, huchilouinchu sil hoihlou seem na tungah ahung tung kha diing, achi a." Hih chang in mihing a sual diing leh, a ma a sanga natna huaisezaw sem a damlou thei ahi, huleh sualna jalin, mite a damlou in a um uh chih ahung hilh hi.

Daanpiaahkiitbu 7:12-15 ah, Pathian in hichiin ahung chiam hi, "Hujiahin hichi ahung hi diinga, hi vaihawmnathute na ngaihkhiaahva, na juihva, huleh na bawlva ahihleh, Lalpa na Pathian un na pulepate u'kawma achiam thuhun leh khotuahna chu na tungvah ajui diing hi.

Huleh ama'n nanguh ahung lungsiat diinga, ahung vangpiaah diinga, huleh ahung supung diing hi: na pulepate kawma piaah achiam gamah na gilgahte leh, na leigahte, na buhte, na uainte, na sathaute, na bawngnoute, huleh na belaamnoute ahung vangpiaah diing hi. Nam jousiah tungah vangpiaahin na um diinga: na lah u'leh na ganhon lahvah apa leh anu chiing mawng mawng aum sih diing hi. Lalpa'n nang apat natna jousiah alamang diinga: na heetkhaah Aigupta gam natna hoihlou jousiah na tungah atungsah sih diing: nang hung mudahte tungah akoih jaw diing hi." Mi huatna neite ah gilou leh sual a um hi, huleh natna chu hutobang mimalte tung ah koih ahi diing hi.

Daanpiaahkiitbu 28, "Gualzawlna Bung" chia kihe taangpi ah, Pathian in i Pathian thu i man veh va huleh pilvangtaha A thupiaah jousiah i juih veh chiang va gualzawlna i tan diing uh ahung hilh hi. Ama'n A thupiaahte leh daante pilvangtaha i juih veh louh va ahihleh haamsiatna i tung va hung tung diing leh ahung netkhum diing zong ahung hilh hi.

A biih a bukimtaha kisoi chu Pathian thu i man louh uleh i tung va natna hung tung diing chinteng a kisoi hi. Hute chu, natna hipi; sungsiatna natna; khosih; meima; dulhna leh gamgotna; mibatlouhna leh vun natna; "Aigupta uiluut... chipawm; meimapi; chithah, dam thei lou"; ngolna; mittotna; lungbuaina koimah ahung hundoh diing um lou; huleh khup leh keeng uiluut natah dam thei lou, keengtaw apat lutung tan a um te ahi (Daanpiaahkiitbu 28:21-35).

Sual chu natna kipatna ahi chih dihtaha he a, na damlouh a ahihleh Pathian Thu dungjui a nah in louh na kisiih diing ahi huleh ngaihdamna na ngah diing ahi. Thu dungjuia hing a suhdamna na tan leh, na sual kiit diing ahi sih.

Mikhat Sual A Kingai Lou Himahleh A Damlou a Um Tehkhinna Khat

Mi khenkhatte'n sual sih mahleh uh, a damlou uh a chi uhi. Ahihvangin, Pathian Thu in Pathian mitmuha sildih i bawl a ahihleh, A thupiaahte i ngaihsah a huleh A daante i juih leh, Pathian in natna bangmah toh ahung nasah sih diing a chi uhi. I damlouh leh, khoihtahahakhat ah A mitmuh a sildih i bawlkha sih a huleh A daan i jui sih chih i phawh diing uh ahi.

Huchi ahihleh, bang ahiai natna tuttu sual?

Mikhat in Pathian in A pia sapum hiseltah chu mahni kideehtheihna ahihlouhleh thanghuaina a, a zat a, A thupiaah mang lou a, sual bawl a, ahihlouhleh hinkhua mumal nei lou a, a um leh, amah chu damlouh theihna dinmun a, amah leh amah kikoih ahi.

Hitobang natna sung ah neeh leh dawn kisuuh louhna apat a hung piang sungpuaah natna, nahzial teep jiaha sin natna, huleh na hahsep beehseeh jiaha natna dangte a telkha hi.

Hichu mihingte etna apat in sual hi lou ahi maithei hi, hizongleh Pathian mit ah hikhu chu sual ahi. An naahpi a neeh zong sual ahi ajiahchu hikhu in mikhat duhamna leh mahni kideeh theih louhna a langsah hi. Mikhat an neeh kisuuh louh jiaha damlouh a tuaah leh, a sualna chu hun hoihtaha a zat sim louh ahihlouhleh a an neeh hun kichiantah ahih louh jiah ahi, hizongleh mahni-kideehna um lou a, a sapum a zatdih louh jiah ahi. Mikhat chu an a kithuuh nai lou a neeh zoha damlou a a umleh, a sualna chu thuaahzohlouhna ahi – huchu thudih dungjuia bawllouhna ahi.

Mikhat in pilvang loutaha temta a zat a, a kiatkhaah leh, huleh a liamna chu ahung meimat leh, huchi a sualna jiah ahi. Pathian dihtaha a lungsiat leh, Ama'n tuahsiatna apat hupa chu hun tengin a, A veengbit diing hi. Bawlkhelh nei zongleh, a pawtdohna diing lampi Pathian in A guatsah diinga, huleh Amah lungsiattu mihingte a diinga na hoih sem A hihjiahin, a sapum chu a liam sih diing hi. Liamna leh mathah chu kintah leh siangthou loutaha a gamtat jiahin a um diing hi, hute chu a nih in Pathian mitmuh in a dih sih a, huchiin a gamtat chu gilou ahung hi hi.

Hitobang mah in nahzial teep leh zudawn toh kisai in. Mikhat in nahzial teep in a lungsim a suniin a, a awm a suna a, huleh cancer a umsah thei chih a phawh a, hizongleh a ngawl theih louh leh, huleh mikhat in zu in a sunglam a susia a huleh a tahsa kahiangte a susia chih a phawh a, hizongleh a ngawl theih tuan louh leh, hite chu sual natohnate ahi. Hikhu in amah leh amah kideeh zoh louhna leh duhawmna, a sapum a lungsiat zoh louhna, huleh Pathian deihzawng a juih zoh louhna a langsah hi. Bangchiin hite sualna ahi sih diai?

Natna jousiah chu sualna gah ahih leh ahihlouh hechian chet sih mahlei, Pathian Thu apat a teh in sil tampi i etchet nung un i hechiangta uhi. A Thu i man gige va huleh i hin diing uh ahi huchiin natna apat in i suaahta diing uhi. Soidan dang in, A mitmuh a sildih i bawl va, A thupiaahte i ngaihsah va, huleh A daante i kep chiangun, hung tengin natna apat in Ama'n ahung veengbit in ahung daal diing hi.

Huaahbuuh leh Lungsim Buaina in a Tut Natnate

'Statistics' in huaahbuuh leh lungsim buaina jiaha nathuaahna nei mi a tam deuhdeuh chih ahung hilh hi. Pathian Thu in ahung hilh bangin mite'n thudih dungjuia a zahngaih theih va, huleh a ngaihdam va, a lungsiat va, huleh a heetsiam va ahihleh, hutobang natnate apat in baihlamtahin a suaahta thei uhi. Ahihvangin, a lungtang vah giitlouhna a um nalai a huleh giitlouhna in Thu dungjuia hin diing a daal hi. Lungsim natna in tahsa kahiang dangte leh natna daaltute ana susia a, a tawp chiangin natna a tut hi. Thu dungjuia i hin chiangin, i lunggel chu tohthou ahi sih diinga, i lungtom sih diinga, huleh i lungsim chu tohhal ahi sih diing hi.

I kiim ah mi khenkhat gilou lou a hoih kilang a um uhi,

ahihvangin hitobang natnate thuaah a um uhi. Amaute chu lungthahna apat kideeh theite ahi va, lungthah leh thangtawmte sang sangin zong a nazaw uhi. Thudih a hoihna chu lunggel kisual apat a kituaahlouhna na thuaahna ahi sih hi; hichu kingaihdamna leh kilungsiatna leh kideehzohna leh dohzohna a muangtaha umna a khat leh khat kiheetsiamtuah ahizaw hi.

Huban ah, mite'n sual a bawl chiangun, lungsim natan lungsim gimna leh siatna apat natna a thuaah uhi. Ajiahchu amaute'n silhoih bawl lou in hizongleh giitlouhna thuuhzaw ah a luut va, a lungsim giitlouhna un natna a piangsah hi. Huaahbuuh leh lungsim natna dangte mahni a natna kiguan, i ngolna leh giitlouhna in piansah, ahi chih i heet diing uh ahi. Hutobang nasan dinmun ah, lungsiatna Pathian in Amah hawl a, A suhdamna tan utte A sudam hi. Hubanah, vaangam apat in kinepna a pe diinga huleh kipaahna dihtah leh nuamna a pe diing hi.

Meelma dawimangpa apat natnate zong sualna jiah ahi

Mi khenkhat chu Setan in ana valhzou in huleh meelma dawimangpa'n a tung va a sehkhum natnate jousiah a thuaah uhi. Hikhu chu Pathian deihzawng a nuutsiat va huleh thudih apat a kiheimang jiah uh ahi. Mi tampi, milim biaah innsung apat a damlou, piangsual, huleh dawimatte chu Pathian in milim biaahna a kidah jiah ahi.

Pawtdohbu 20:5-6 ahi hichibanga kigial i mu hi, "Amahuh ma-a na kuun louh diinga, a naa u'zong na tohsahlouh diing ahi: ajiahchu Kei Lalpa na Pathian, chu sitthusia, pate gitlouhna tate tunga khang thum leh khang li tana ahung mudahte tunga thuh veu leh; Ahung lungsiat a, ka thupiaahte jui saang tampite kawma khotuahna musah Pathian ka hi." Ama'n thupiah poimohtah ahung piaah a, milim be lou diingin ahung hilh hi. Thupiaah Sawmte ah, thupiaah masa nihte – "Ka ma-ah pathian dang na nei diing ahi sih (c.3) huleh "Milem kheenthuh bang, ahihlouhleh tunglam vaana um aha, nuailam leia um aha, leinuailam tuia um sil bangaha kibatpih mawng mawng na kisiamthuh louh diing ahi" (c.4) – apat in Pathian in bangchituha milim-biaahna hua ahiai chih baihlamtahin i soi thei uhi.

Nulehpate'n Pathian deihzawng a man louh va huleh milim a biaah va ahihleh, a tate'n zong a jui ngal diing uhi. Nulehpate'n Pathian Thu a man louh va huleh gilou a bawl uleh, a tate'n a jui ngal diing va huleh gilou a bawl diing uhi. Thumanlouhna sual in khang thumnna leh khang lina a pha chiangin, sual man in, a suante chu meelma dawimangpa'n a tung va a tunsah natnate thuaah in a um diing uhi. Nulehpate'n milim ana be zongleh uh, tate'n a lungtang uh hoihna apat va, Pathian a biaah uleh, Ama'n A lungsiatna leh khotuahna a langsah diinga huleh a gualzawl diing hi. Mite Pathian deihzawng kiheimangsan in huleh thudih apat peetmang in tu leh tu in meelma dawimangpa'n a tunsah natna thuaah in um mahleh uh, a kisiih va huleh a sual uh tawpsan uleh, Sudamtu Pathian in A susiangthou diing hi. Khenkhatte a peetpeet in A sudam diinga; khenkhatte awl in A damsah diinga; huleh khenkhatte leuleu ahihleh a ginna uh khan dungjuiin A sudam diing hi. Suhdamna chu Pathian deihna bangin a um diing; mite'n A mitmuh a lungtang kiheng kei lou a neih uleh, amaute chu suhdam ngal ahi diing uhi; ahihvangin, a lungtang uh a pilkhel leh, awl in suhdam ahhi diing uhi..

Ginna a i hin chiangun natna apat in i zalen diing uh

Mosi chu leitung a mi tengteng sanga kingaingiamzaw ahih jiahin (Kisimbu 12:3) huleh Pathian inn jousiah a ginum ahihjiahin, amah chu Pathian suaah muanhuai a heet ahi

(Kisimbu 12:7). Bible in Mosi chu kum za leh sawmnih in a si a chi, a mitte a chau sih a huleh a haatna a kiam sih chih zong ahung hilh hi (Daanpiaahkiitbu 34:7). Ajiahchu Abraham chu ginna thumang huleh Pathian zahtaat mi buching ahih jiahin, kum 175 tan a d am hi   (Siamchiilbu 25:7). Daniel chu anteh louhing chauh ne ahihvangin a chidam hi (Daniel 1:12-16), Baptisttu Johan chu khaukhup leh gam khuaizu chauh ne himahleh a thahat hi (Matthai 3:4).

Mite sa ne lou a bangchidan a chidam ahi viai limdang sa a um maithei hi. Ahihvangin, Pathian in mihing a siam masat in, theigah chauh ne diingin thu A pia hi. Siamchiilbu 2:16-17 ah Pathian in mihing kawm ah hichiin A hilh hi, "Huleh Lalpa Pathian in mihing kawmah, Huana singgah chinteng na utut in na nethei hi; Hizongleh asia leh apha heetna singgah chu na neeh louh diing ahi; ajiahchu na neeh ni ni in na si ngeingei diing hi, chiin thu apia a." Adam thuman louh nung in, Pathian in loulai a singtehte A nesah hi (Siamchiilbu 3:18), huleh sualna in hih khovel a jelhtouh jel laiin, Tuichiin Vaihawmna zoh in, Pathian in Noah kawm hichiin A hilh hi, Siamchiilbu 9:3 ah, "Sil hing taangthei chinteng, na an diing uh ahi diing; anteh louhing ka hung piaah bangin sil zousiah ka hung peveh hi." Mihing ahung giitlouh deuhdeuh chiangin, Pathian in sa a neeh diing A phalsah a, hizongleh an "sianglou" A phalsah sih (Siampubu 11; Daanpiaahkiitbu 14).

Thuhun Thah hun laiin, Pathian in hichiin Silbawlte 15:29 ah hichiin ahung hilh hi, "Milim biahna saneeh bang, sa heehlup neeh bang leh kingaih bang tawp leh uchin ka chi uhi; hi haw na tawp u'leh nanguh diingin ahoih diing hi. Damtah in um un, chi in." I damtheihna diinga phatuam an i neeh diing ahung phalsah a huleh ei a diinga hoihlou apat kideeh diingin ahung thuhilh hi; Pathian in A kipaahpih louh an himhim neeh ahihlouh dawn louh ei a diingin a phatuam sem hi. Pathian deihzawng i juih leh ginna a i hin zahzah in, i sapum ahung hat deuhdeuh diing a, natna in ahung nuse diinga, huleh damlouhna dang in ahung zou sih diing hi.

Huban ah, ginna toh dihtattaha i hin leh damlou in i um sih diinga ajiahchu kum sangnih paita ah, Jesu Khrist hih khovel ah A hung a huleh i puaahgih gihtah A puaah hi. A sisan luanna tungtawn in, Jesu'n eite i sualnate apat in ahung hundam a huleh A gimthuaahna jalin i damlouhna A lamang chih i gintaah dungjuiin (Matthai 8:17) suhdam i hi, hichu i ginna dungjuiin bawl ahi diing hi. (Isaiah 53:5-6; 1 Peter 2:24).

Pathian toh i kituaah ma in, ginna i nei sih hi. I pianken sual deihzawng hawl in i um va huleh i sualna jalin natna tuamtuam i thuaah uhi. Ginna a i hin a huleh silbangkim dihtatna a i bawl chiangin, tahsa chidamna toh gualzawl in i um diing hi.

Lungsim a dam toh kiton in, sapum a chidam hi. Dihtatna a i um a huleh Pathian Thu dungjuia i gamtat leh, i sapum chu Hagau Siangthou in a dim diing hi. Natna in ahung nuse diinga huleh i sapum in tahsalam damna ahung neih chiangin, natna bangmah in ahung pailet zou sih diing hi. Ajiahchu i sapum chu a hamuang in, a jaang in, nuam in, huleh chidam in a um diing a, tasam lou hizongleh Pathian in chidamna ahung piaah jiahin kipaah in i um diing hi.

Dihtatna leh ginna a na gamtat a huchia na hagau a hoih leh, na natna leh damlouhna jousiah apat suhdam hi in, huleh chidamna na tang ahi! A Thu na man a huleh na hin dungjuia Pathian lungsiatna kiningching hung tangta in – hite jousiah i Lalpa min in ka ngen ahi!

Bung 4

—— ⧫ ——

A Hung Haina Jalin Suhdam I Hi Uh

Isaiah 53:4-5

Tahjetin ama'n i natnate apua a, i dahnate apo ngeei hi; hizongleh en lah dahna khuh, Pathian vuaah, leh bawlgentheihin i ngaai hi. Hizongleh amah chu i bohsiatnate jiahin suhliamin auma, i thulimlouhnate jiahin vuaahsidupin aum hi: eite hamuanna diinga sawina chu amah tungah akia a: huleh a vuaahna golhtea suhdamin i umta hi.

Jesu Pathian Tapa Ahih Dungjuiin Natna Tengteng A Sudam Hi

Mite'n amau hinkhua paidan a etchian chiat chiangun, buaina tuamtuam a tuaah uhi. Tuipi a daih gige louh bangin, innsung, natohna mun, neehhawlna, natna, hauhsatna, huleh a dangdang apat in buaina tampi ahung pawt hi. Hinkhua a buaina tengteng lah huaisepen chu natna ahi chi lei a uangsoi i hi sih diing hi.

Mikhat in hauhsatna leh heetna a neih tamdan soi louh in, natna huaisetah in a boh a ahihleh a hinkhua a, a lohdoh tengteng chu bangmah lou ahung suaah hi. A langkhat ah, khovel khantouhna ahung khang a huleh hauhsatna ahung pun dungjuiin, mihing chidamna deihna ahung khang hi. A lehlam ah, siamna leh damdawi lam bangtan chiangah khangthou zongleh, natna thah leh um ngei lou – mihingte heetna in a loh moh – te heetdoh zing ahi a huleh hutobang natna vei mi a kibehlap gige hi. Hukhu jiah zong ahi maithei tuni chidamna lam a kihahbawl semsem.

Gimthuaahna, natna, huleh sihna – a bawn a sualna apat hung kipan – in mihing heetna tawmdan a langsah hi. Thuhun Lui hun a A bawl bangin, Sudamtu Pathian in Amah a gingta mite, Jesu Khrist a, a ginna uh jala, a natna tengteng uh suhdam ahihdan tuniin ahung sulang hi. Bible enchian ni hang in huleh natna buainate dawnna i muhdan leh Jesu Khrist a i ginna jala hinkhua chidam i neihdan i en diing uhi.

Jesu'n A nungjuite kawm a, "Kei koi na hung chi viai? chia A dot laiin, Simon Peter in a dawng a hichiin a chi hi, "Nang chu Khrist, Pathian hing Tapa Na hi"(Matthai 16:15-16). Hih dawnna chu a hou sim mahmah hi, hizongleh hikhu in mawltahin Jesu chauh Khrist ahi chih a taahlang hi.

A hun lai in, mipi tampi in Jesu a jui uhi ajiahchu Ama'n damloute A sudam ngal hi. Amaute lah ah dawimat, jeng, phungjawl, huleh natna tuamtuam a nate a tel uhi. Phaahte, khosih vei mite, keengbaite, mittawte, huleh a dangte jousiah chu Jesu khoih in a dam va, amah jui in A na a tohsah uhi. Hikhu muh chu bangchituha nuamhuai hi diing a tadiai? Hutobang sillimdang leh silmahte mu in, mite'n Jesu a gingta un a pom va, a hinkhua va a buainate uh dawnna a muh va, huleh damloute'n suhdamna natoh a tuaah uhi. Huban ah, Jesu'n mite Amah hun laia A suhdam bangin, koipouh Jesu mai a hung photmah in tuni in zong tuni in suhdamna a tang thei uhi.

Mikhat keengbai toh kikhiatna um lou khat chu ka kouhtuam uh kiphuhdoh nung sawt lou in Ziltawpni

Zaankhovaah Biaahna Kikhopna ah ahung tel hi. Gari tuahsiatna a tuaah zoh in, hih mipa chu damdawi inn ah hun sawtpi etkol in a um hi. Ahihvangin, a khup a meima a khan jiahin, a khup a ton thei sih a, huleh a khup kaang a taang thei sih a, amah a pai thei sih hi. Thu kisoi a ngaihkhiah laiin, Jesu Khrist pom leh suhdam a um a ut hi. Hih mipa a diinga theihtawp a ka haamtei chiangin, thakhat in ahung dingtou a huleh a pai in a tai hi. Biaahinn kotkhaah kilawm kichi kawm a keengbaipa Peter haamteina jala a kitawm leh a pai mahbangin (Silbawlte 3:1-10), Pathian natoh limdangtah suhlat in a um hi.

Hikhu in Jesu Khrist a gingta photmah leh A min jala ngaihdamna tangte a sapum siamthah ahung hih dungjuiin a natna uh jousiah suhdam theih ahi – damdawi lam siamna jala suhdam theih louhte nasan hileh zong – chih chetna in a pang hi. Pathian zaanni leh tuni leh kumtuang a kibangpa (Hebraite 13:8) in A Thu gingta a huleh a ginna uh buuhna dungjuia hawlte tung ah na A tong a, huleh a natna A sudam a, huleh mittawte mit A vaahsah a, huleh keengbaite A diingsah hi.

Jesu Khrist pom photmah, a sualnate uh ngaihdam hi a, huleh Pathian ta hung hite chu zalenna hinkhua a hing in a um diing uhi.

Bangchidan a eite Jesu Khrist a i hung gingtaat chianga

hinkho chidam a hing thei i hi viai chih bukimtahin i sui diing uhi.

Jesu chu soisah in A um a huleh A Sisan Luag in a Um hi

A kikilhbeh ma in, Jesu chu Pontius Pilate huang sung ah Rom sepaihte soisah leh sisan luang in a um hi. Amah hun laia Rom sepaihte a chidam un, haat mahmah, leh hoihtaha kizilsiam ahi uhi. A dihtahin, huh hun a khovel vaihawm kumpi sepaihte ahi uhi. Hih sepaih haatte jepna leh soisahna Jesu'n A thuaah chu thumal a soigual ahi sih hi. Jep ahih tengin, a jepna in Jesu sapum a vial a huleh A tahsa hal a kaikhia a huleh A sapum apat in sisan a taahkhia hi.

Bangdiinga Jesu, Pathian Tapa sualna, ngohna, ahihlouhleh hoihlouhna nei lou in, ei migiloute a diinga hutobang naahpi a jepna leh sisan suahna thuaah ahiai? Hih siltung a belh khat chu hagaulam a Pathian silbawlsah thuuhtah leh limdangtah umzia ahi.

1 Peter 2:24 in Jesu liamna jalin eite suhdam in i um chih ahung hilh hi. Isaiah 53:5 ah A kijepna jalin suhdam in i um hi chih ahung hilh hi. Kum sangnih vel paita ah, Jesu Pathian

tapa chu natna natah apat a hung hundam diinga jep a um ahi a huleh A sisan chu Pathian Thu a i hinlouhna sual uh diinga suah ahi. Jesu kijep leh siluang pa i gintaat chiangun, i natna vapat suahtaatsah zoh leh suhdam in i um uhi. Hichu muhtheiha a Pathian lungsiatna leh pilna limdangtah ahi.

Hujiahin, Pathian ta banga natna thuaah a na umleh, na sualnate kisiih inla huleh suhdam zoh na hita chih gingta in. Ajiahchu "Tuin ginna chu sil kinepnate heetchetna, sil muhlouhte um ngeeia heetna ahi." (Hebraite 11:1), na sapum a kisuhkhana munte na na sah vang in, na ginna, "suhdam zoh ka hita" na chihna jalin, hichu kintahin suhdam ahi diing hi.

Ka skul kai laiin, ka naahguh khat ka suliam kha a huleh a hunt eng a ahung kilehkiit chiangin, a na chu a thuaah hah mahmah a huchiin naah hahsa ka sa mahmah hi. Jesu Khrist ka pom nung kum khat kum nih nung in, sil gih ka dop sawm chiangin a na ahung um jel hi huleh kal khat zong ka suan thei sih hi. Ahihvangin, Pathian bangkimbawlthei ka heet jiah leh ka gingtaat jiah in, guntuhtahin hichiin ka haamtei hi, "Ka haamtei zoh a ka pai lehleh chiangin, a na chu a mang diinga huleh ka pai diing hi." Ka Pathian bangkimbawlthei chauh a ka gintaat dungjuiin a na ngaihtuahna chu ka nuaimang a, ka ding thei in huleh ka pai thei hi. A na chu ka ngaihtuahna chauh a um bang mai in a um hi.

Jesu'n Mark 11:24 a ahung hilh bangin, "Hujiahin ka hung hilh ahi, Sil bangkim na deih phot uh, na nget chiangun, musain kingaai un, huchiin na mu diing uhi," suhdam a um i hita chih i gintaat a ahihleh, i ginna dungjuiin suhdamna i tang tahtah diing uhi. Ahihvangin, a nat nalai jiah a suhdam hi nai lou i hi chia i ngaihtuah leh, a natna chu suhdam ahi sih diing hi. Soidan tuam in, i ngaihtuahna paidan i hen chiang chauh in, i ginna dungjuiin silbangkim bawl ahi diing hi.

Hujiahin Pathian in lungsim gilou chu Pathian lang apang ahi chiin ahung hilh hi (Romte 8:7), huleh Pathian thu mang diinga ngaihtuahna photmah mantaang diingin ahung hilh hi (2 Korinthete 10:5). Huban ah, Matthai 8:17 ah Jesu'n i natnate la in huleh i damlouhnate A pua chih i mu hi. 'Ka haat sih,' chia na ngaihtuah leh haat lou in na umden thei hi. Ahihvangin, na hinkhua bangchituha hahsa leh gim in um mahleh, na muuh in, "Keimah ah Pathian silbawltheihna leh khotuahna ka nei a huleh Hagau Siangthou in ahung vaihawmkhum a, ka tawl sih," chia na phuan leh, tawlna a mang diinga huleh mikhat na hung suaah diing hi.

Jesu Khrist i damlouhnate la a huleh i natnate popa i gintaat tahzet a ahihleh, ei a diinga natna thuaah a umna diing a jiah a um sih chih manghilh sih diing hi.

Jesu'n a ginna uh A muh in

Tuin Jesu kijepna jalin i natnate uh suhdam a umta ahi a, i poimoh chu i ginna theihna uh ginna ahi i poimoh uh. Tuni in, mi tampi Jesu Khrist a gingtate a natnate uh toh A mai ah ahung pai uhi. Mi khenkhatte chu Jesu Khrist a pom nung sawt lou in suhdam in a um uhi huchihlaiin khenkhatte'n ha tampi a haamtei nung un zong bangmah masawnna a langsah sih uhi. A nunungzaw mite'n a nung et kiit va a ginna uh a etchian uh a poimoh hi.

Mark 2:1-12 ah kigial toh, mijeng pa leh a lawm lite'n a ginna uh a suhlatdan uh, a natnate apat a zalensah diinga Lalpa suhdamna khat a phuutluihdan leh Pathian loupina a piaahdan i pholhkhe diing uhi.

Jesu'n Capernaum A va veh in, A tun thu kintahin a kithang a huleh mipi tampi ahung kisukhawm uhi. Jesu'n a kawm va Pathian Thu – thutah – A soi a huleh mite'n Jesu thusoi khat zong mansah louh tum in hoihtahin a ngai uhi. Huzoh geih in, mi lite'n pheeh in mijengpa ahung zawng va hizongleh mipi tam beehseeh jiahin, mijengpa chu Jesu kawm naih ah ahung pui thei sih uhi.

Bangteng ahihvangin, a tawp tuan sih uhi. Huchih naahsangin, Jesu umna inntung vum ah a chiah va, Amah tung a suvang va, a hawm khat siam in, mijengpa lupna pheeh chu a khaikhesuh uhi. Jesu'n a ginna uh a muh chiangin, mijengpa kawm ah, "Tapa, na sualnate ngaihdam ahita.... Thou inla, na pheeh la inla na inn ah chiahta in," huleh mijengpa'n ana lunggulh petmah suhdamna a tangta hi. A pheeh a laah a huleh a amaute jousiah muh a, a paikhiaat chiangin, mipite'n limdang a sa va huleh Pathian a paahtawi uhi.

Mijengpa'n natna huaisetah a nei huchiin amah leh amah in a taang thei sih hi. Mijengapa'n Jesu, mittawte mit suhvaahsah, keengbaite dingsah, phaah sudam, dawite nohdoh, huleh natna tuamtuam a damlouhna nei dang tampi A suhdam chih thu a zaah chiangin, Jesu toh kimuh a ut mahmah hi. Ama'n lungtang hoih ana nei a, mijengpa'n thuthang a za chiangin, Jesu khoi a um ahiai chih a heetdoh chiangin Jesu toh kimuh diing a lunggulh mahmah hi.

Huchiin, nikhat, mijengpa'n Jesu Capernaum ah A hung chih ahung zata hi. Huh thu a zaah in bangchituhin a nuam diai chih na ngaihtuah thei ei? Amah chu amah panpih thei diing lawm a hawl ngei diing a, huleh a lawmte, amau a vangphathuaitaha a ginna neite'n, a lawmpa uh ngetna a pom ngal thei uhi. Mijengpa lawmte'n zong Jesu toh kisai thuthang ana zakha va, huchiin a lawmpa un Jesu kawm a pui diinga a nget chiangin, a ut uhi.

Mijengpa lawmte'n a ngetna a ngaihsah lou in hichiin na elhouta uleh, "Bangchiin na muh louhpi hutobang sil na gingta thei diai?" a lawmpa uh panpih diingin a buai nuam sih diing uhi. Ahihvangin, amaute'n zong ginna a neih jiahun, a lawmpa uh pheeh a hung zawng thei in, a ning chiat ah khat chiat a pang in, inntung nasan pheet vangin ahung um uhi.

Saupi ahung pai nung va mipi tampi kikhawm a, Jesu kawm naih diinga a kaal va luut zou lou a, a um chiangun, bangchituha lungnoplou leh lungkia a um diing a ta diviai? Mun awng neukhat beeh ot diingin a ngen ngei maithei uhi. Ahihvangin, mipi tampi kikhawmte jiahin, a luut theihna diing a mu sih va huleh a lungkia uhi. A tawp in, Jesu umna inn tung a pai tou a, hutaha a vang siam in, a lawmpa uh chu Jesu mai ah pheeh in a khaikhesuh uhi. Mijengpa a hung a huleh koimah in a muhkhaah louhna mun apat in a naipen diingin Jesu toh a kimu uhi. Hih tangthu apat in, mijengpa leh a lawmte Jesu mai a chiah diing bangchituha tup a nei ahi diviai chih i zildoh thei hi.

Mijengpa leh a lawmte Jesu mai ah a va mawhpai sih uhi chih hoihtahin i en diing uhi. Amaute'n a thu a zaah nungun Amah mu diingin buaina tampi toh a hung uh chih thudih in Amah thu kisoi leh a thu hilhte a gingta uh chih ahung hilh hi. Huban ah, hahsatnate zou a, thuaah zou a, huleh maingaltaha Jesu a zotna vah, mijengpa leh a lawmte'n Amah mai a, a chiah un a kingaihngiamdan uh ahung lah hi.

Mite'n mijengpa leh a lawmte inntung lam pai huleh a vang khat va bawl chih a muh chiangun, mipite'n tai in a house thei uhi ahihlouhleh a lungthah thei uhi. I ngaihtuah phaahlouh khat zong a tung thei hi. Ahihvangin, hih mi ngate tung ah, bangmah leh koimah in a lampi uh a daal thei sih hi. Khatvei Jesu a va muh kalsiah uh, mijengpa chu suhdam ahi diinga huleh inntung sia chu baihlamtaha bawlhoih thah ahihlouhleh dit ahi thei hi.

Ahihvangin, tuni a natna huaisetah thuaah mi tampite lah ah, a damlou pen ahihlouhleh a inkuante lah ah ginna muh a hahsa hi. Jesu chu ngamthohtaha zot sangin, gangtaha, "Ka damlou naah mahmah hi. Ka chiah nuam a hizongleh ka hi thei sih," ahihlouhleh "Ka innsung va hupa – hunu a haat sih a, a taang thei sih hi," chih a kinzaw uhi. Hutobang a haike ngaah a ngaah mi thazoi muh chu a lungkiathuai hi. Hitobang mite chu, soidan tuam in, ginna tasamte ahi uhi.

Mite'n Pathian a ginna nei chia a phuan uleh, a ginna uh a latsah theihna diing va thanuamtaha a um diing uh ahi. Mikhat in ginna jalin Pathian natohna a tang thei sih hi huchu heetna chauh a kitang leh kikhawl ahi, a natoh a, a ginna a latsah chiang chauh in, a ginna chu ginna hing ahung hi diinga huleh Pathian – piaahsa ginna tanna diing ginna bulpi ahung kilamdoh diing hi. Hujiahin, mijengpa'n Pathian suhdamna natoh a ginna bulpi a ana tan bangin, i hung pil va huleh i ginna bulpi uh i latsah diing uh ahi – ginna mahmah – huchiin ei un zong Pathian – piaahsa hagaulam ginna i tanna leh A sillimdang muhna hinkhua ah i hing diing uhi.

Na sualnate ngaihdam ahi

Mijengpa a lawmte li kithuahpihna jala A kawm a hung khu kawm ah, Jesu'n hichiin a chi a, "Tapa, na sualnate ngaihdam ahi," huleh sualna a suhvengsah hi. Ajiahchu mikhat in amah leh Pathian kikal a sual dai a um chiangin a dawnna a mu thei sih hi, hujiahin, Jesu'n mijengpa, ginna bulpi toh a kawm a hungpa sualna ana suhvengsah masa hi.

Pathian a i ginna i phuandoh tahtah va ahihleh, Bible in bangtobang lungput toh A mai hung diing leh bangtobang a gamtaang diingin ahung deih ei chih ahung hilh hi. Thupiaah, "Bawl in," "Bawl sin," "Kem in," "Paihmang in," chihte leh hutobangte mang in, midihtat lou chu midihtat in a kiheng diinga, huleh zuau soi haat khat chu mi thudih leh zahum ahung suaah diing hi. Thudih Thu i man chiangin, i sualnate i Lalpa sisan jalin suhsiang ahi diinga, huleh ngaihdamna i tan chiangin, Pathian venbitna leh dawnna chu tunglam apat in a hung tung diing hi.

Ajiahchu sual a hung kipan natna jousiah diingin, sual chu suhveng ahih kalsiah, Pathian in na A tohna kilatdohtheihna dinmun tunding ahung hi diing hi. Meivaah bulb ahung vaah leh electrik in na a sep chianga khawl in na a toh bangin Pathian in ginna bulpi A muh chiangin ngaihdamna A phuang diinga huleh tunglam a kipat in ginna A pe diing hi, huchiin sillimdang a semdoh diing hi.

"Thou inla, na puanphah la inla na inn ah pai in." Hikhu hi bangchituha lungsim sunuam ahi diai? Mijengpa leh a lawm lite ginna A muhna tung ah, Jesu'n sual chu A suveng a huleh mijengpa chu ahung pain gal hi. Amah chu, hun sawtpi lunggulhna a neih nung in, ahung buching kiit hi. Huchibang mah in, natna dawnna chauh hi lou in, huleh buaina dang i neihte dawnna zong i muh ut leh, ngaihdamna tan masat diing ahihdan i manghilh louh va huleh i lungtang uh i suhsiang diing uh ahi.

Mite'n ginna neukhat a neih chiangin, a damlouhna uh suhvenna diing ngaihtuahna in damdawi leh daktorte tung ah a kinga maithei uhi, hizongleh a ginna uh tu in ahung khang a huleh Pathian a lungsiatna va huleh A Thu a jui va huchiin natnate'n a zou zou sih hi. Damlou in um mahleh uh, amau leh amau a kiet masat va, a lungtang thuuhpen vapat a kisiih va, huleh a sualna vapat a kihei chiangun, kintahin suhdamna a tang uhi. Hutobang siltuaah tuaah tampi ka hung he hi.

Hun sawtlou paita ah, ka kouhtuam va upa khat a kuang pawhkeeh kimuhdoh khat a um a huleh thakhat in, amah chu taang thei lou in a um hi. Thakhat in, a hinkhua paisa a en kiit a, a kisiih a, huleh ka haamteina a dong hi. Pathian natohna in a mun ah na a sem ngal a huleh ahung hoih kiit hi.

A tanu chu pyrexia natna nei a um laiin, a nu'n a lungtom chu a ta uh damlouhna jiah ahi chih ahung hedoh a, huleh hukhu ahung kisiih chiangin a ta chu ahung hoih kiit hi.

Mihingte, Adam thumanlouhna jala siatna lampi tawn a paite hutdamna diingin, Pathian in hih khovel ah Jesu Khrist ahung sawl a, huleh eite luangin haamsiat a um diing leh kross a si diingin A phalsah hi. Hujiahin Bible in hichiin a chi hi, "Sisan luang lou in sual ngaihdamna a um sih hi (Hebraite 9:22) huleh "Singdawn kikhai photmah haamsethuaah ahi" (Galatiate 3:13).

Tuin sual apat a natna buaina hung kipan ahi chih i heta a, i sualnate kisiih in huleh i natnate apat a hung hundam Jesu Khrist ah chih tahtah a gingta in, huleh ginna toh hinkhua chidam a i hin diing uh ahi. Sanggam tampite tuni in suhdamna tangin a um va, Pathian silbawltheihna a phuangdoh va, huleh Pathian hing heetpih in a um uhi. Hikhu in Jesu Khrist gingta photmah huleh A min a ngen photmah chu, a natna buainate uh dawn ahi thei hi. Mikhat damlouhna bangchituha huaise himahleh, a lungtang Jesu Khrist jep leh A sisan suah a gintaat a ahihleh, Pathian suhdamna natoh limdangtah chu suhlat ahi diing hi.

Ginna Natoh in A Suhbuching

Mijengpa'n a lawm lite kithuahpihna toh Jesu kawm a, a ginna uh a suhlat zoh nung va suhdamna a tan bangin, i lungtang uh deihzawng tan i ut va ahihleh, Pathian kawm a natoh toh kiton i ginna uh suhlat diing ahi, huchiin ginna bulpi tungding in. Simtute "ginna" heetsiamzawhna a panpihna diingin, hilhchianna tomkim ka hung lah hi.

Mikhat Khrist a, a hinkhua ah, "ginna" chu khen nih in a khen theih in a soichian theih hi. "Tahsa ginna" ahihlouhleh "heetna ginna" hu in chu mikhat in tahsalam silte jiaha ginna a neih leh Thu chu amah heetna leh ngaihtuahnate toh kimil chih a kawh hi. A lehlam ah, "hagaulam ginna" chu mikhat in mu sih zongleh huleh Thu chu amah heetna leh ngaihtuahna toh kimil sih zongleh gintaatna a neihtheihna ginna ahi.

"Tahsa ginna" tungtawn in mikhat in muhtheih silkhat apat a muhtheih sil dangkhat hung kisiamdoh ah a gingta hi. "Hagaulam ginna" toh mikhat in a heetna leh ngaihtuahna a zat leh a neih theih louh, muh theihlouh sil khat apat silkhat hung kisiamdoh a gingta hi. A nunungzaw in mikhat heetna leh ngaihtuahnate suhsiat a ngaisah hi.

Piankhiaah apatin, mikhat huaahbuuh ah hisaap seeng louh heetna a kikhumluut hi. A silmuh leh silzaahte a kikhum hi. Innsung leh skul a, a zilte a kikhum hi. A kiim leh dinmun tuamtuam apat a zilte a kikhum hi. Ahihvangin, heetna kikhum chinteng a dih veh sih hi, hikhu chu Pathian Thu toh kikalh ahihleh, mikhat in a paihmang ngal diing ahi. Etsahsan diingin, skul ah silhing chinteng chu bangahakhat hung keehzaah ahiai ahihlouhleh silhing neuchachate kigawmkhawm apat hung piang ahi chih a va zil hi, hizongleh Bible ah Pathian in silbangkim A siam chih a zil hi. Bang a lohta diai? Evolution gindan dihlouhdan chu science nasan in zong hun teng in a taahlangta hi. Bangchidana, mihing ngaihtuahna nasan toh zong, kum maktaduai za a sim sung a zawng chu mihing a hun kisiamkhia a, huleh ukeng chu va hung suaah thei ahiai? Ngaihtuahna maimai in zong silsiam a gum hi.

Huchibangin, "tahsa ginna" chu "hagaulam ginna a, a hung kiheng chiang, na ginlelhna chu paihmang ahung hih chiangin ginna suangpi tung ah na hung ding diing hi. Huban ah, Pathian a ginna na phuan leh, heetna a nana kholte Thu chu tuin a tahtah a na sepdoh diing ahi. Pathian a gingta na kichih leh, Lalpa Ni keem siangthou in, na innveengte lungsiat in, huleh thudih Thu mang in vaah banga nang leh nang na kilatkhia diing ahi.

Mark 2 a mijengpa inn a ana um taleh, suhdam ahi sih diing hi. Ahihvangin, Jesu mai a khatvei a hung kalsiah suhdam ahi diing chih a gintaat jiahin, huchiin a vanzat diing um theithei zang in a ginna a langsah a, mijengpa chu suhdamna tang in a um hi. Mikhat inn bawl ut chu a haamtei chauh a, "Lalpa, hih inn bawl ahi diing chih ka gingta hi," a chih leh, inn chu kum zakhat ahihlouhleh sangkhat zoh in zong amah leh amah in a kisa sih diing hi. Ama'n amah na tan bawl in a bulpi lem in, lei tou in, a khuam phut in, huleh a sam teng bawl in a um diing ahi: a tomlam in, "natoh" chu a poimoh hi.

Na inkuan sung va nang na hihlouhleh mikhat natna thuaah a um leh, Pathian in na inkuan sung va mi koipouh lungsiatna a pumkhat ahung hih va, huh kipumkhatna chu ginna bulpi banga A ngaih theih A muh chiangin suhdamna Pathian in ngaihdamna ahung pe diinga huleh suhdamna natoh A langsah diing chih gingta in. Khenkhatte'n silbangkim a diingin hun um ahihjiahin, suhdamna diing hun zong a um diing a chi uhi. Ahihvangin, "a hun" chu mihing in Pathian mai a ginna bulpi a tunding hun khu ahi chih manghilh sin.

Na damlouhna dawnna leh na nget jousiah dawnna na muh a, huleh Pathian na paahtawi chu, Lalpa min a ka haamteina ahi!

Bung 5

Damlouhnate Suhdamna diing Silbawltheihna

Matthai 10:1

Huleh Jesu'n a nungjui sawmlenihte a kouh johin, akawmvah dawi niinte nohdoh theihna leh damlouhna chinteng leh natna chinteng suhdam theihna thuneihna a pia hi.

Natna leh Damlouhnate Suhdamna Diing Silbawltheihna

Gingloute kawm ah Pathian hing a um chih chetna diing lampi tampi a um hi, huleh natna suhdamna chu hutobang lampite lah a khat ahi. Mite natna dam thei lou leh sihpih diing khop natnate, damdawilam siamna in a lohmoh, apat suhdam ahih chiangun, Siamtu Pathian silbawltheihna a nual nawn thei nawn sih va, hizongleh huh silbawltheihna ah a gingta va huleh Amah kawm ah paahtawina a piaah uhi.

A hauhsatna uh, a thuneihna uh, minthanna uh, huleh heetna uh soi louh in, mi tampite'n tuni in natna a suveng thei sih va huleh mangbangtahin a um uhi. Damdawilam siamna sangpente toh natna tampi suhdam theih louh um mahleh, mite'n bangkim bawl thei Pathian a gintaat va, Amah a kinga a, a um uleh, natna dam thei lou leh sihpih diing khop natna jousiah apat suhdam theih ahi uhi. I Pathian chu bangkimbawl thei Pathian ahi, Amah a bangmah ahi thei lou um lou, huleh bangmalou apat sil khat umsah thei, chiangkang gaw selsah thei (Kisimbu 17:8), huleh misi kaithou thei (Johan 11:17-44).

I Pathian silbawltheihna in natna leh damlouhna khat pouhpouh A sudam thei hi. Matthai 4:23 ah hichia kigial i mu hi, "Huleh Jesu chu Galili gam pumpi ah ava-ah lehleh-a, a kikhopna inn bangvah thu ahilh a, lalgam tanchinpha soiin, mite lah-a natna chinteng leh damlouhna chinteng asudam jeel hi" huleh Matthai 8:17 ah hichiin i sim uhi, "Zawlnei Isaiah in, Amah ngeeiin i hatlouhnate ala a, i natnate a pua hi, chia asoi chu ataangtun theihna diingin." Hih chang ah, "natna," "damlouhna" leh "haatlouhna" chihte i sim uhi.

Hitah ah, "haatlouhna" kichi natna neep deuh hitaang ahihlouhleh zawngkhal chihte a kawh sih hi. Hichu mikhat sapum ahihlouhleh tahsa kahiangte a mibatlouhna, tuahsiatna, ahihlouhleh a nulepate ahihlouhleh amah ngei suhkhelh jiah a jeng ahihlouhleh a tha um nawn lou a umna dinmun a kawh hi. Etsahna diingin, haam thei lou, bilngong, mittaw, keengbai, naungeeh laia thazaw (ahihlouhleh polio), huleh a dangteng – mihing heetna a suhdam theih louh – te chu "mibatlouhna" a kichi thei hi. Hikhu ban ah tuahsiatna ahihlouhleh a nulepahte ahihlouhleh amah ngei bawlkhelh jiaha natna, Johan 9:1-3 sung a kigial a pian apat a mittaw a piang dinmun toh kisai in, Pathian loupina suhlat theihna diinga na zong a um hi. Ahihvangin, hutobang sil chu a vaang mahmah a ajiahchu a tamzo chu mahni ngol jiah ahi.

Mite a kisiih va huleh Pathian a ginna a hawl lai va Jesu Khrist a pom uleh, Ama'n Hagau Siangthou chu Pathian ahung hih theihna diingun A piaah hi.

Hagau Siangthou toh kithuah in Pathian tate hihna diing a nei uhi. Hagau Siangthou a kawm va ahung um chiangin, thubuai khawt tahtah ahih louhna leh, natna leh damlouh khawhsetah ahih louh ngaah leh natna tamzote a dam hi. Hagau Siangthou a tang uh chih thu maimai in Hagau Siangthou meikuang a tung va ahung kumsuh a huleh a meima uh a hai diing a phalsah hi. Huban ah, mikhat natna huaisetah nei nasan hitaleh zong, ginna a chih tahtah a, a haamtei a, amah leh Pathian kikal a sualna baang a suhsiat a, huleh a kisiih leh, a ginna dungjuiin suhdamna a tang diing hi.

"Hagau Siangthou meikuang," kichi in meikuang a baptisma mikhat in Hagau Siangthou a tan zoh a tung ahi, huleh Pathian mit ah hichu A silbawltheihna ahi. Baptistu Johan hagaulam mit ahung kihon a huleh a muh in, ama'n Hagau Siangthou meikuang chu "meikuang baptisma" bangin a soi hi. Matthai 3:11 ah, Baptistu Johan in hichiin a chi hi, "Kenchu kisiih na diingin tuiin ka hung baptis ngeei a; Hizongleh ka nunga hungpa chu kei saangin aloupi jaw a, A keengtophah tawi taah zong ka hi sih hi; Ama'n chu Hagau Siangthou leh meiin nanguh ahung baptis diing hi." Meikuang baptisma chu hun tengin ahung tung sih a hizongleh mikhat Hagau Siangthou a, a dim chiang chauh in ahi. Hagau Siangthou meikuang chu Hagau Siangthou a dimpa kawm chauh a ahung tun jiahin, a sualnate leh natnate jousiah haimang ahi diinga huleh hinkhua chidam in ahung hing diing hi.

Meikuang baptisma in natna haamsiatna a hai chiangin, natna tamzote suhdam ahi; damlouhna, ahihleh, meikuang baptisma nasan toh hai mang theih ahi sih hi. Huchi ahihleh, bangchidana damlouhna suhdam hi ahiai?

Damlouhnate jousiah chu Pathian – piaahsa silbawltheihna chauh in a sudam thei hi. Hujiahin Johan 9:32-33 ah hichibanga kigial i mu hi, "Khovel um tuunga kipan koima'n mittaw-a piang mit asuhvaahsah chih akija ngei sih. Hipa Pathian a hung kuan ahihlouh inchu bangma abawl, thei sih diing, achi a."

Silbawlte 3:1-10 chu Peter leh Johan, Pathian silbawltheihna tang tuaahtuaahte'n a pian apat keengbai khat, temple kotkhaah "Kilawm" kichi a khutdoh khat a dinsahna uh thu ahi. Peter in a kawm hichia Chang 6na a, "Hizongleh, Peter in, Dangka leh sana bangmah ka nei sih; hizongleh, ka neihsun ka hung pe diing; Nazareth Jesu Khrist minin thou inla keengin chiahin" chi a keengbai pa a baan jiatlam a, a tuuh in, mipa keeng leh a siahmit ahung khauh a huleh Pathian nasatahin ahung phat hi. Mite'n amah a ma a keengbai pai a Pathian paahtawi a muh un, limdang leh mah sa in a um uhi.

Mikhat in suhdamna a tan utleh, Jesu Khrist a, a gintaatna jalin ginna a nei diing hi. Keengbaipa chu khutdoh giap himahleh, Jesu Khrist a gintaat jalin Pathian silbawltheihna tangte'n a haamteisah chiangun suhdamna a tang thei hi. Hujiahin Pathian thu in hichiin ahung hilh hi, "Huleh, Amah min gin jiahin, A minin hi pa na muh u'leh na heet uh chu asuhaat ta ahi; ahi, Amah jiaha ginna hung umin, na bawnva mitmuhin asudam vilvelta ahi." (Silbawlte 3:16).

Matthai 10:1 ah, Jesu A nungjuite hagau niin tung ah thuneihna A piaah hi, amaute nohdohna diing, huleh natna chinteng leh natna toh kisai sil jousiah suhdamna diing in.

Thuhun Lui hun ah, Pathian in damlouhnate suhdamna diing silbawltheihna A zawlnei deihtahte Mosi, Elijah, leh Elisha te tel in A piaah hi; Thuhun Thah hun ah, Pathian silbawltheihna chu sawltaah Peter leh Paul leh natongtu ginum Stephen leh Philip kawm ah a um hi.

Khatvei Pathia silbawltheihna mikhat in a tan kalsiah bangmah ahi thei lou a um sih hi ajiahchu ama'n keengbaite a dingsah thei a huleh a neu a kipat jengte a suhdam thei a huleh a pai theisah a, bilngongte bil a honsah a, huleh haam thei loute lei a zoisah hi.

Damlouhnate Sudamna Lampi Tuamtuamte

1. Pathian Silbawltheihna in Bilngong leh Haam Thei Lou A Sudam

Mark 7:31-37 ah Pathian silbawltheihna in bilngong leh haam thei lou mipa a suhdamna a kimu hi. Mipite'n mipa Jesu kawm a hung pui in mipa tunga A khut nga diinga Amah a nget chiangun, Jesu'n mipa chu a ning ah A pui a huleh A khutzung in mipa bil A khoihsah hi. Huchiin a chil phih in mipa lei A khoih hi. Vaangam lam A entou a huleh kawm ah hichiin A chi hi, 'Ephphatha!' (a umzia, 'Suhdam in um in!)." Thakhat in, mipa bil chu ahung kihong a, a lei chu ahung kawl a huleh nuamtahhin a haam thei hi.

Pathian, A Thu a khovela silbangkim bawltu in A Thu chauh a mipa sudam thei lou ahiai mah? Bang diinga Jesu'n A khutzung a mipa bil khoih sese ahiai? Bilngongpa'n khua a zaah theih louh jiah leh lim laha kihouna toh kihou ahihjiahin, hih mipa'n chu Jesu awging in haam mahleh midangte bawldan in ginna a nei thei sih diing hi. Ajiahchu Jesu'n hipa ginna tawm dan A heet jiahin, hih mipa bil A khutzung in A khoih huchiin khutzung a khoihna tungtawn in, hipa'n suhdam ahihna diing ginna ahung neih loh diing hi. A poimohpen chu mikhat in gintaatna tungtawnin suhdam ahi diing chih ginna ahi. Jesu'n A Thu in hipa A sudam thei hi ajiahchu hi mipa'n khua a za thei sih a, Jesu'n amah ah ginna a thun a huleh hutobang bawldan zang in mipa'n suhdamna a tan diing A phalsah hi.

Huchi ahihleh, bang diinga, Jesu'n chil phih a mipa lei khoih ahiai? Jesu'n chil A phih chih in hagau gilou in hih mipa haam thei lousah ahi chih ahung hilh hi. Mikhat in na mai tupbiih nei a chil ahung phihkhum leh, bangchiin na pom thei diai? Hichu kisuhbuaahna natoh leh umdan dihlou mikhat hihna muhsitna ahi. Chilphih chu a taangpi in kizahtaatlouhna leh mikhat ngiamkoihna ahihjiahin, Jesu'n zong hagau gilou nohdohna diingin chil A phih hi.

Siamchiilbu ah, Pathian in guul chu a hinkhua ni jousiah ah leivui ne diingin A haamsiat chih i mu hi. Hikhu in, soidan tuam in, meelma dawimangpa leh Setan, guul chiiltu, leivui apat kisiam mihing antah siampa, tung a Pathian haamsiatna a kawh hi. Hujiahin, Adam hun a kipat in meelma dawimangpa chu mihing antah a siam diing leh mihng gawtna leh valhmangna diing hun lemchang hawl in a um zing hi. Thou, thoukaang, huleh thante'n mun kihhuaite a luah uh bangin, meelma dawimangpa'n mihing a lungtang uh sualna, giitlouhna leh lungtomna a dimte a teenchilh a huleh a lungsim uh sal in a man hi. Pathian Thu banga hing leh gamtate chauh a natnate uh suhdam ahi diing chih i heet diing uh ahi.

2. Pathian Silbawltheihna in Mittawpa A Sudam

Mark 8:22-25 ah, a nuai bang i mu hi:

Huleh Bethsaida ahung tunga; akawmah mittaw khat ahung puiva, amah khoih diingin angeen uh. Huin ama'n mittawpa chu a khutin atu a, kho polamah apuidoh a; Huleh a mit ah chil a siat a, atungah khut akoih a, "Khua namu thei ei? chiin adong hi. Huin amahpa adaahdoh a, Mite chu sing bangin paiin ka mu hi," achi a. Hunungin a mit ah a khut akoih kiit a, a mit ahahsah a; huchiin ahung damta a, mi chinteng chu chiantahin amu thei ta hi.

Jesu'n hih mittawpa A haamteisah chiangin, a mit ah A chil A siat hi. Huchi ahihleh, bang diinga, hih mittawpa Jesu'n A haamteisah masat a khua mu ngal lou a hizongleh Jesu'n nihvei A haamteisahna a mu ahiai? A silbawltheihna tungtawn in, Jesu'n mittawpa chu A sudam thei mahmah hi hizongleh mipa ginna a tawm jiahin, Jesu'n nihvei A haamteisah a huleh ginna nei diingin A panpih hi. Hikhu tungtawn in, Jesu'n mite'n khatvei haamteina a suhdamna a tan louh uleh, hutobang mite a diinga nihvei, thumvei, livei tanpha, ginna chi, a suhdamna diing va ginna ahung neih diing uh, chituh theihna diinga i haamteisah diing uh ahi chih ahung hilh hi.

Jesu Amah bangmah ahitheilou um lou chu mittawpa'n a ginna in a suhdam theih louh chih ahung heet chiangin a haamteisah a haamteisah hi. Bang i lohta diai? Ngetna leh haamteina tamsem toh, suhdamna i muh masang i thuaahzoh diing ahi.

Johan 9:6-9 ah mikhat a pian a kipat Jesu'n tual a, A chiil a siat a, a chiil toh tungman bawl a, huleh tungman a mit a, a nuh nung a suhdamna tang a um hi. Bangjiaha Jesu'n a chiil tual a siat a, A chiil toh tungman bawl a, a mit a nuh ahiai? Hitaha chiil in silsianglou kawh a nei sih hi; Jesu'n tual ah a chiil a siat a huchia tungman a bawl a huleh mittawpa mit am, A nuh theihna diing ahi. Jesu'n a chiil toh tungman A bawl hi ajiahchu tui a tawm a ahi. Naupang tunga uiluut ahihlouhleh chipawm ahihlouhleh thoukaang keihna toh kisai nulehpate'n a chiil uh a nuh uhi. I Lalpa uh a haatloute'n ginna a neihna diing va lampi tuamtuam bawlsahpa hung lungsiatna i heetsiam diing uh ahi.

Jesu'n tungman mittawpa mit a, A koih chiangin, mipa'n a mit a buan kikoihlam a phawh a huleh suhdam ahihna diing ginna ahung nei hi. Jesu'n mittawpa a ginna tawm mahmah kawm a ginna A piaah zoh chiangin, A silbawltheihna jalin mipa mit A honsah hi.

Jesu'n hichiin ahung hilh hi, "Jesu'n akawmah, Chiamchihna

leh silmahte na muh louh u'leh na gingta sih diing uh, achi a" (Johan 4:48). Tuni in, mite'n Bible a Thu chauh toh, suhdamna sillimdang leh silmah mu lou in, a gintaat theihna diing uh ginna a neihna diing va panpih chu a hithei sih hi. Siamna leh heetna nasataha a khantouhna khang ah, muhtheihlouh Pathian gintaatna diing hagaulam ginna neih a hahsa tahzet hi. "Muh chu gintaatna ahi" chi i za veu uhi. Huchibangin, mite ginna ahung khan diing jiahin huleh suhdamna natohna ahung khang semsem diing jiahin Pathian hing chetna a tahtah a, a muh chiangun, "chiamchihna mah leh limdangte" chu a poimoh tahzet hi.

3. Pathian Silbawltheihna in Keengbai A Sudam

Jesu'n Tanchin Hoih ana soi a huleh damlouhna leh natna chinteng thuaahte ana suhdam bangin, A nungjuite'n zong Pathian silbawltheihna a langsah uhi.

Peter in khutdoh keengbai thu a piaah in, "Nazareth Jesu Khrist min in pai in," a chih a huleh a khut jiatlam a, a tuuh chiangin, thakhat in mipa keeng leh siaahmit ahung khauh a, huleh a keeng a kitawm in a pai hi (Silbawlte 3:6-10). Mite'n chiamchihna limdangte leh silmahte Peter in Pathian silbawltheihna a tan nung a, a latsahte a muh chiang un, mi tamzosemte'n Lalpa ahung gingta uhi. Damloute nasan lampi ah ahung pui va huleh a lupna leh pheeh vah a sial va huchia Peter ahung pai chianga a lim a tung va a tuh theihna diing tanpha in. Mipite chu Jerusalem kiim a khopite apat hung paikhawm in, a damloute uleh dawi in a matte a hung pui va, huchiin a bawn un suhdam ahi uhi (Silbawlte 5:14-16).

Silbawlte 8:5-8 ah hichia gelh i mu hi, "we find, "Huin, Philip chu Samaria khopi ah achiah suh a, akawmvah Khrist thu asoi hi. Huleh, a silmah bawlte ajaahva, amuhun mipite'n Philip thusoi chu lungsim munkhat in angaihsah uhi. Dawiniinte, aw ngaihtaha kikoua, mi tampi amatte uh sunga kipat ahung pawt va; huleh jeng leh keengbaai tamtahte zong ahung dam taah jiahun; Huleh, hu khopi ah kipaahna nasatah aumta hi" (Silbawlte 8:5-8).

Silbawlte 14:8-12 ah, mikhat a keeng bai, a pian apat bai huleh pai ngei mawngmawng hi. Paul thusoi a ngaihkhiaah zoh in huleh hutdamna a tanna diing uh ginna a neih nung un, Paul in, "Na keeng in ding in" chia thu a piaah chiangin, thakhat in, mipa chu a kitawm tou a huleh a pai ngal hi. Hih siltung mukhate'n "mihing meelpua in pathiante ahung kumsuhta!" a chi uhi.

Silbawlte 19:11-12 ah, "Huleh Pathian in Paul khutin silmah limdang tahtahte abawlsah a; Huchiin a sa tunga kipatin kisiahna puante aha teenthuahte aha bang damloute kawmah ahung tawiva, a natnate uh adam jeel a, huleh, a sungva kipat dawite zong apawt jeel uhi."chia kigial i mu hi. Bangchituha hikhu mah leh limdang Pathian silbawltheihna hita ahiai?

Mihing a lungtang uh suhsiangthou a umte leh Peter, Paul, leh Deacon Philip leh Stephen te banga lungsiatna buching neite tungtawn in tuni in Pathian silbawltheihna a long hi. Mite Pathian mai a natna uh suhdamna diinga ginna toh a hung chiangun, Pathian suaahte amaute tungtawn a, A nate A sepdohnate haamteina tangin suhdam in a um thei uhi.

Manmin kiphuhdoh apat in, Pathian hin in chiamchihna limdang leh silmah tuamtuamte sulang diingin, membarte lungtang a ginna chituh diing, huleh halhthahna thupitah tut diingin ahung phalsah hi.

Khatvei numei khat a pasal zungolvei suhduhdahna thuaah zing a um hi. A mitgui bangmah bawl thei lou a ahung um a huleh daktorte'n kinepna a neih nawn louh chaingun, Manmun toh kisai thuleng ana za in ahung hi. Thanuamtaha a biaahna kikhopnate a tel a huleh suhdamna diinga kuhkaltaha a haamtei chiagin, ka haamteina a dong huleh khua ahung mu kiit hi. Pathian silbawltheihna in a mitgui a seden diinga ana umsa chu a sudam kiit hi.

Hun dang khat ah, mikhat a nungjang guh mun giat a kise

dimdem liamna thuaah khat a um hi. A sapum nuailam chu a jeng ahih chiangin, a keeng tegel tan diing dinmun ah a um hi. Jesu Khrist a pom nung in, a keengtan diing a pumpelh thei a hizongleh chiangphuh a zat a ngai nalai hi. Manmin Haamteina Munpi a kikhopna ah ahung telpan a huleh tomkhat nung in Ziltawpni Zaankhovaah Biaahna Kikhopna hun sung in, ka haamteina a tan nung in mipa'n a chiangphuh a paihmang a, a keeng nih a pai a, huleh amah chu tanchinpha thehdalhtu in ahung pang hi.

Pathian silbawltheihna in damdawilam siamna in a suhdam theihlouh natnate a sudam thei hi. Johan 16:23 ah, Jesu'n hichiin thu ahung chiam hi, "Huni chiangin nangun bangma na hung ngeen sih diing uh Chihtahjetin, chihtahjetin, ka hung hilh ahi, Ka mina Pa kawma na nget photmah uh ama'n nanguh ahung pe diing hi." Pathian silbawltheihna limdangtah na hung gintaat a, kuhkaltaha na hung hawl a, na natna buaina jousiah dawnna na hung muh a, huleh Pathian hing leh bangkimbawlthei Tanchin Hoih potu palai na hung hih chu, i Lalpa min a ka haamteina ahi!

Bung 6

Dawi-Mat Suhdamna Lampite

Mark 9:28-29

Huleh inn sunga ahung luutin a nungjuite'n, Bang diinga keiun nohdoh theilou ka hi viai? chiin aguuhdot va. Huleh ama'n (Jesu) a kawmvah, Hitobangte hi haamteina leh anngawlna loungaalin apawt thei sih hi"

Ni Nununglam ah Lungsiatna Ahung Dai Diing

Tuni hun a siamna lam khantouhna leh silsiamdohna khanna in tahsalam khantouhna a tut a huleh mite chu nuamsah semna leh lawh semna a tut hi. Huchimahbangin, hikhu jiah nihte'n mite lah ah masialna luanglet, kihemna, huleh kingaihsiatna a tut a, lungsiatna ahung ngiam dungjuiin heetsiamna leh kingaihdamna muh a hahsa hi.

Matthai 24:12 in ana soilawh bangin, "Ajiahchu daanbeina ahung khanta jiahin, mi tampite lungsiatna ahung dai hi," giitlouhna ahung haat chiangin lungsiatna ahung dai hi, i khotaang a tuni buaina lianpente laha khat chu mi tam semsem hutobang in lungsimlam a thuaah a lungsiam buai a um uhi.

Lungsimlam buaite etkolna in damlou hinkho pangai a hing thei loute a khentuam a hizongleh a kituaahpih damna a mu zou tuan sih uhi. Kum bangzahahakhat kietkol nunga bangmah masawnna a um louhleh, inkuanpihte a tawl va huleh hun tamzaw ah, damlouhte chu tagah bangin a nusia uhi. Hih damloute, gamlapi a huleh inkote um lou khosate chu mi pangaite khosah bangin a khosa theí sih uhi. A ngaihte uh lungsiatna dihtan mamoh zongleh uh, mi tamtahin a lungsiatna uh hutobangte kawm ah a langsah uhi.

Bible ah mun tampi ah Jes'n dawimatte A suhdam i mu

hi. Bang diinga Bible a kigial ahiai? Hun tawpna ahung naih deuhdeuh toh kiton in, lungsiatna ahung dai deuhdeuh a huleh Setan in mite a gawt a, lungsimlam buaina a neisah a, huleh dawimangpa tate bangin a la hi. Setan in mihingte lungsim chu a gawt a, a damlousah a, huleh sualna leh giitlouhna toh a subuaah hi. Khotaang sualna leh giitlouhna a kidiah ah, mite kintahin kithangsia, kinaah, kihua, leh kithahtuah in a um uhi. Ni nunung ahung nai chiangin, Khristiante'n thudihlou apat thudih a khen theih diing va, a ginna uh a veengbit va, huleh tahsa leh lungsim a hinkhua chidam a zat diing uh ahi.

Setan chiilna leh gawtna umsahtu, huleh Setan leh dawi in a mat khovel siamna sangtah a phaahna khang a i khotaang a lungsimlam buaina thuaahte i enchian diing uhi.

Setan Mat a Um Hung Hihna Lampi

Koipouh in sialehpha heetna a nei va huleh mi tampite chu a sialehpha heetna dungjuiin a gamtaang un huleh a hing va, hizongleh mi koipouh sialehpha heetna dinmun a mikhat apat mikhat tunga a gah hung piangdoh a kibang sih hi. Hikhu jiah chu mi koipouh dinmun kibanglou ngen a piang leh khanglian photmah, in a nulehpate, inn, leh school apat in sil tuamtuam a mu un, a za un, huleh zildoh va, huleh thuheet tuamtuam a thunluut uhi.

A langkhat ah, Pathian Thu, thudih in, hichiin ahung hilh hi, "Gilou johin um sih unla, hoihnain gilou jou jaw un," (Romte 12:21), huleh hichiin ahung sawl hi, "Hizongleh kenchu na kawmvah ka soi ahi, Migilou thuh sih un; Hizongleh koipouhin na ngeiphe jiatlam abeh leh alehlam zong doh jaw in." (Matthai 5:39). Thu in lungsiatna leh ngaihdamna hung hilh ahihjiahin, vaihawmna tehna "Guallelhna chu gualzohna ahi" chih a gingtate hinkhua ah ahung piangdoh hi. A lehlam ah, mikhat in vuaah ahih chianga a thuh diing ahi chih a zildoh leh, thuh louh chu dawina ahi a thuh chu haansanna ahi chih ngaihdan a nei diing hi. A jiah thum – michih thutanna teha, mikhat hinkho dih ahihlouhleh dihlou ah hing taleh, huleh bangtan chiang a khovel toh kituaah a hing ahi viai chih in - mi tuamtuam tung ah sialehpha heetna tuamtuam a umsah diing hi.

Mite'n hinkhua tuamtuamte sialehpha heetna uh tuamtuam ahihjiahin, Pathian meelma Setan in hikhu zang in mite chu a pianken sualna uh dungjuiin, dihtatlouhna leh hoih kalh in, a ngaihtuahna gilou uh tohthou in huchiin sual bawl diingin a chiil hi.

Mite lungtang ahi Hagau Siangthou deihzawng Pathian daan banga a hinna diing uh, huleh sual pianken deihzawng tahsalam deihzawng bawl diinga mi nohtu a kisual zing hi. Hujiahin

Pathian in Galatiate 5:16-17 ah hichiin ahung sawl hi "Huchiin hi ka soi ahi, Hagau ah um un, huleh tahsa utna na sutaangtung sih diing uhi. Ajiahchu tahsain Hagau adou a, Hagau in tahsa adou hi; sil na bawltumte uh na bawl theihlouh na diingun, hite chu akikalh tuah veu uh ahi."

Hagau Siangthou deihnate banga i hin leh, Pathian lalgam i luah diing uhi; pianken sualna deihnate banga i hin a huleh Pathian Thu dungjuia i hin louhleh, A lalgam i luah sih diing uhi. Hujiahin Pathian in a nuai a bang in Galatiate 5:19-21 ah ahung hilh hi:

> Huleh tahsa silbawlte chu akilang hi, huchu hite ahi; aangkawmna, kingaihna, thaanghuaina, huuhna. Milimbiaahna, bumna, muhdahna, kihauna, thangsiatna, lungthahna, kilanna, kikhinna, gintuamna, Deihgohna; tualthahna, jukhamna, eltol gualnop bawlna leh huchibang dang dangte ahi; huchibang silbawlte'n Pathian gam aluah sih diing uh, chi-a malaia ka hung hilh taah mah bangin, ka hung hilh khawl hi.

Huchi ahihleh, bangchidan a, dawi in mite hung man thei ahiai?

Mikhat ngaihtuahna tungtawn in, Setan in mikhat a lungtang pianken sualna a dim pianken sualna deihzawngte a tohthou hi, A lungsim a thuzoh louh a huleh pianken sual natohte a bawl leh, kisiamlouhtanna lungsim ahung luut diinga huleh a lungtang chu ahung gilou semsem diing hi. Hutobang pianken sualna natohte ahung kibehlap chiangin, a tawp ah mipa chu amah leh amah a kithunun thei sih a huleh huchih naah sangin Setan in a chiil dungjuiin a bawl diing hi. Hutobang mimal chu Setan in a "teenchilh" a kichi hi.

Etsahna diingin, mi thase mahmah nasep ut lou khat a um a, huleh hu sanga zu dawn a huleh a hun zang bei maimai khat um chiin ngaihtuah ni. Hutobang mimal tung ah, Setan in a lungtang a chiil in a thunun sawm diinga huchiin zudawn leh hun mawh suhbeina ah a kibual in natoh chu a gimhuai chiin a ngaihtuah diing hi. Setan in zong amah hoihna, huchu thudih apat in a delhmang in, a hinkhua khantouhsahna diing that eng a laahmangsah diinga, huleh bangmah sem thei lou leh panna bei mikhat a suaahsah diing hi.

Setan ngaihtuahna dungjuia a hin a huleh a gamtat chiangin, mipa chu Setan apat in a suaahta thei sih hi. Huban ah, a lungtang ahung giitlouh semsem chiangin huleh amah leh amah ngaihtuahna gilou ahung kipiaahkhat zoh chiangin, a lungtang thunun sangmahin a ut dandan in a um diing hi. A lungthah ut a ahihleh, a lungtunna bangin a lungthah diing hi; a kisual ahihlouhleh a kinah utleh, a deih dandan in kisual leh kinaah in a um diing hi; huleh zu a dawn utleh, zudawnna apat in a kihemdoh thei sih diing hi. Hikhu ahung kibehlaptouhjel chiangin, khoitah mun ahakhat apat in a ngaihtuahna leh a lungtang a thunun zou sih diinga huleh silbangkim amah deihdan lou bangtaha um in a mu diing hi. Hikhu zoh chiangin, dawite mat ahung hita diing hi.

Dawi-matna hihna jiah

Mikhat Setan in a chiilsa ahung hihna diing leh a khonung a dawite'n a mat uh ahung hihna diing jiah nih a um hi.

1. Nulehpate

Nulehpate'n Pathian a nuutsiat va, milim Pathian in a kidah leh huat a biaah va ahihlouhleh silkhat gilou hi diaahkhol a bawl va ahihleh huchiin hagau giloute silbawltheihna a tate tung ah ahung tung diinga huleh etkai louh ahihleh, dawite'n a man diing uhi. Hutobang dinmun ah, nulehpate chu Pathian mai a, a hung diing va, a sualnate uh a kisiih veh va, huleh a tate uh luanga Pathian lung a hawl diing uh ahi. Huchiin Pathian in nulehpate lungtang lailung ahung mu diinga huleh suhdamna natohte ahung sulang diinga, huchiin dihtatlouhna khainiang chu ahung hahkol diinghi.

2. Mahni

Nulehpate sualnate bang teng hi zongleh, mikhat in amah dihtatlouhna, giitlouhna, kisahtheihna, huleh a dangteng jiahin mikhat chu dawite'n a man thei hi. Mimal chu amah leh amah a haantei leh kisiih thei lou ahihjiahin, Pathian A silbawltheihna sulangtu suaahpa khat apat haamteisahna a saan chiangin, dihtatlouhna khainiang chu suhkol ahi diing hi. Dawite nohdoh ahung hih a huleh a heetna va a hung chiangun, Pathan Thu hilh a, a um diinga huchiin a lungtang sualna leh giitlouhna a khat ana kidiahsa chu nawtmang hung hi in huleh thudih lungtang ahung hi diing hi.

Hujiahin, inkuan sung mi khat ahihlouhleh tanaute khat chu dawi in a mat a ahihleh, a inkuante'n chu mikhat hu mipa luanga haamteisah diing guat ahi. Hikhu a hihna jiah ahihleh dawimatpa lungtang leh lungsim chu dawite'n a thunun uh ahi a huleh amah chu amah ut thu a bangmah bawl thei lou ahi. Amah chu haamtei thei lou leh thudih Thu ngaikhe thei lou in a um a; huchiin amah chu thudih ah a hing thei sih hi. Hujiahin, a inkuante jousiah ahihleh a inkuan sung va mikhat chauh nasan zong amah a diinga lungsiatna leh khotuahna nei a, a haamteisah diing ahi huchiin dawimatpa inkote chu tuin ginna ah a hing theita hi. Pathian in inkuante kipiaahna leh lungsiatna a muh chiangin, suhdamna natoh ahung langsah diing hi. Jesu'n ei leh ei i kilungsiat banga i inveengte i lungsiat diing uh ahi, chih ahung hilh hi (Luke 10:27). I inkuante laha membar khat dawi in a mat a diing a i haamtei louh i kipumpiaah theih louhleh, bangchii'n i innveengte i lungsiat i kichi thei diai?

Dawi in a mat mipa inkuante leh lawmte'n a jiah a hawldoh va, kisiih a, huleh Pathian silbawltheihna a ginna toh haamtei a, a um chiangin, dawite silbawltheihna nohmang ahi diinga huleh a deihtahte uh thudih mi khat, Pathian in dawite lah apat a, A veenbit leh A daal khat in ahung kiheng diing hi.

Dawi Mat Mite Suhdamna Diing Lampite

Bible mun tampi ah dawi mat mite suhdamna tungtaang a um hi. Bangchidan a suhdamna tang ahiviai chih i enchian diing uhi.

1. Dawite thahatna na nohkiit diing ahi.

Mark 5:1-20 ah hagau niin in a mat mikhat i mu hi. Chang 3-4 in mipa tungtaang a hilhchian a, huchiin a chi hi, "Amah chu haan lah ngena teeng ahi a; mi koima'n khainiangin akaan thei hial sih uh; Kol buhin, khainiang bangin ana kaantava, hizongleh khainiangte chu abottan a, huleh kolte asugawp a, mi koimahin a thunun jou sih uhi." Mark 5:5-7 apat zong i he hi, "Huleh suun leh jaanin taangte leh haante a um jingin akikou a, suang bangin akijiih veu hi. Hizongleh ama'n gamla taha pat Jesu amuh tahin, ataai a, ava be ta a; Huleh aw ngaihtah-a kikouin, Jesu, Pathian Tungnungpeen Tapa, nang toh kijolhna bang ahiai ka neih? hung sugim lou diingin Pathian minin ka hung ngeen hi, achi a."

Hichi Jesu a thupiaah, "Hih mipa apat in hung pawtdoh in, nang hagau niin!" A chih dawnbutna ahi. Hih siltung in ahung hilh chu mite'n Jesu chu Pathian Tapa ahi chih he sih mahleh, hagau niin Jesu koi ahih chih leh bangtobang silbawltheihna nei ahi chih chiantahin a he hi.

Jesu'n, "Na min bang ahi? chiin A dong a, huleh dawimat mipa'n a dawng a, "Ka min chu Tampi ahi, ajiahchu tampi ka hi uh," a chi hi. Ama'n Jesu kawm ah huh mun a sawldoh lou diing leh vohte sunga sawl diingin a ngen a ngen hi. Jesu'n a min a dong sih hi ajiahchu ama'n a heetlouh jiah ahi sih a; Ama'n vaihawmtu khat in hagau niin thudotna a neih bangin a min A dong hi. Huban ah, "Tampi" kichi umzia chu dawi tampite'n mipa chu sal a, a mat uh ahi.

Jesu'n "Tampi" chu voh hon, diil pang a tawmkhesuh a tuike haw, laha a luut diing uh A phalsah hi. Dawite i nohdoh chiangin, thudih Thu, tui in a etsah, toh i bawl diing uh ahi. Mite'n mipa a muh chiangun, mihing silbawltheihna ah tuunmang in i um thei nawn sih va, suhdam veh in, hutah a tou in, kichei in huleh a lungsim dih utoh, ahung laauta uhi.

Tuni in bangchiin dawite i nohdoh thei diviai? Amaute chu Jesu min a tui, Thu etsahna ahihlouhleh meikuang, Hagau Siangthou etsahna, laha nohdoh diing ahi uhi, huchiin a thahatna uh a mang diing hi. Ahihvangin, dawite chu hagaulam mi ahih jiahun, mikhat thuneihna nei dawite nohdohna diinga a haamtei chiangin nohdoh ahi diing uhi. Ginna nei lou mikhat dawite nohdoh a tup chiangin, dawite'n amah chu bangmah lou a ana koih in ahihlouh ana nuihsan diing hi. Hujiahin, dawi in amat mikhat suhdam ahihna diingin, Pathian mi khat amaute nohdohna diing silbawltheihna nei in a haamteisah diing ahi.

Ahihvangin, khatveivei dawite chu Pathian mi khat in Jesu min a, a nohdoh chiangin zong nohdoh ahi sih diing hi. Hukhu jiah ahihleh dawi in a mat mipa'n Hagau Siangthou ana soisia ahihlouhleh kalha ana haamkha ahi (Matthai 12:31; Luke 12:10). Suhdamna chu dawi-mat mi khenkhatte'n thudih thu heetna a tan nung va tupmawng a, a sual zom zing va ahihleh, a tung vah a kilang thei sih hi (Hebraite 10:26).

Huban ah, Hebraite 6:4-6 hichibang i mu hi, "Bangjiahin ahiai ichihleh khatvei suhvaaha uma, vaan silpiaah chiamta a, Hagau Siangthou tansaha uma, Huleh Pathian thu hoih leh hun hung um diinga silbawltheihnate chiam haw chu, Apuuhva ahihleh, hute chu kisiih diinga siamthah gual ahi sih uhi; Pathian Tapa chu amahuh tuma kikilhbeh thah leh sumualphou ahihjiah un."

Tuin hikhu i zilta a, ei leh ei i kiven diing uh ahi huchiin ngaihdamna i tan theih louhna diing sualna i bawl ngeilouh diing uh ahi. Thudih a mikhat dawi in a mat haamteina tungtawn a suhdam theih ahih diing leh diing louh i khen theih diing uh ahi.

2. Thudih toh kigalthuam in.

Khatvei dawite amaute apat nohdoh ahih kalsiah, mite'n Once demons are driven out from them, people must fill their hearts with life and truth by Pathian Thu nguntaha a sim a, paahtawi a huleh haamtei a, a lungtang uh hinna leh thudih a dimsah diing uh ahi. Dawite nohdoh himahleh, mite amau leh amau thudih kigalthuam lou a sual a, a hin zing uleh, dawi nohdohsate ahung kileh kiit diinga, huleh tutung chu, dawi gilouzosem toh ahung kijuita diing uhi. Dawite hung luut masat a sangin mite hinkho dinmun a sezo diing chih hezing in

Matthai 12:43-45 ah, Jesu'n s nuai a bangin ahung hilh hi:

Huleh dawiniin chu mi sung apat a pawtin tui umlouhna mun chinah khawlna hawlin a vaah lehleha, a mu ngaal siha. Huin ama'n, Ka pawtdohna inn mahah ka kiihkiit mai diing, achi a; huchia ahung tahin huchu a awnga, phiatsiang leh jep hoihin a mu-a; Huin ava chiaha, amah saanga gilou jaw dawi dang sagih ava puuia, hu-ah aluut va, ateengta uh; huin hupa umdaan nunung chu amasa saangin ase jawseemta hi. Tulai khangthah giloutahte tungah zong hutobangin aum diing, achi a. Dawite chu pilvang loutaha nohdoh ahi sih uhi. Huban ah, dawite nohdoh ahih zoh chiangin, dawi in ana matsa lawm leh inkuante'n hu mipa'n a ma sanga tu in lungsiatna lianzaw toh elkolna a mamoh chih a heetsiam diing uh ahi. Amah chu kipumpiaahna leh kilatna toh a etkol va huleh suhdamna bukim a tang masang thudih toh a galthuam diing uh ahi.

A Gingta A Diingin Bangkim Ahi Thei hi

Mark 9:17-27 chu tapa khat hagau khat in a mat a, haam moh a, a koih leh phungjawl vei a um Jesu'n a pa ginna a muh nung a, A suhdam thu ahi. Bangchidan a tapa in suhdamna ngah ahiai chi i enzual diing uhi.

1. A inkuanpihte'n a ginna uh a latsah diing uh ahi.

Mark 9 a tapa chu a pian apat a dawi-mat jiah haam thei lou leh bilngong ahi. Thumal khat zong a he thei sih a huleh amah toh kihou chu sil hi thei lou ahi. Huban ah, a phungjawl chu bang chih chiang in huleh khoi mun ah ahung kilang diai chih koimah in a soi thei sih hi. Huchiin, a pa chu kinepna teng bei in laau leh nathuaah in a um zing hi.

Huin a pa'n Galilee mi misi kaihthohna sillimdang langsah, huleh natna chi tuamtuam sudam a zakha hi. Mipa lungkhamna chu kinepna zung in ahung sun hi. Thuthang a dih a ahihleh, hih Galilee mi in a tapa zong A sudam thei diing chiin a pa'n a gingta hi. Vangphatna hawl in, pa in a tapa chu Jesu mai ah ahung pui a, huleh hichiin a chi hi. "Hizongleh Nangman bangahakhat na bawl theih a ahihleh, ka tung va zahngai inla hung panpih in!" (Mark 9:22)

A pa'n chitahzet a, a ngetna A za chiangin, Jesu'n hichiin a chi hi, "'Na hih theih leh?' A gingta a diing bangkim ahi thei hi," huleh a pa chu a ginna a tawm jiahin A tai hi. A pa chu Jesu Pathian bangkimbawlthei Tapa leh thutah ngei ahih lam ana phawh hileh, "Hileh" chih thumal ana zang sih diing hi. Eite kawma ginna lou in Pathian a suhlungkim theih sih a huleh ginna buching toh lou in dawnna a muh theih sih chih ahung hilhna diingin leh mikhat in a gintaat theihna diingin, Jesu'n "'Na hih theih leh?'" chiin a pa a "ginna tawm" jiaha A taina in A soi ahi.

A taangpi in ginna chu chi nih in a khen theih hi. "Tahsa ginna" ahihlouhleh "heetna bang ginna," tungtawn in, mikhat in a muh a gingta hi. Ginna mikhat in mulou a, a gintaat theihna chu "hagaulam ginna" ahihlouhleh "nasept toh kiton ginna" ahi. Hitobang ginna in bangmahlou apat in silkhat a siamdoh thei hi. Bible dungjuia "ginna" chu "Huleh ginna chu sil kinepnate heetchetna, sil muhlouhte um ngeeia heetna ahi" (Hebraite 11:1).

Mihing in a suhdam theih natna mite'n a thuaah chiangun, ginna a suhlat va huleh Hagau Siangthou a, a dim chiangun Hagau Siangthou meikuang haina dungjuiin suhdam theih in a um uhi. Mikhat hagau hinkhua a kipan tuung khat ahung damlouh chiangin, a lungtang a hon a, Thu a ngaihkhiat a, huleh a ginna a latsah chiangin suhdam theih ahi. Mikhat Khristian piching khat ahung damlouh chiangin, kisiihna tungtawn a ahung kihei chiangin suhdam theih in a um hi.

Damdawilam siamna in a suhdam theih louh a mite ahung chinat chaingin, ginna lianzosem a suhlat diing uh ahi. Khristian piching ginna nei khat ahung chinat chiangin, amah chu a lungtang ahung kihong a, a lungtang botkeeh a, a kisiih a, huleh chihtahtah a haamteina a lat chiangin suhdam theih in a um hi. Mikhat ginna neukhat ahihlouhleh ginna nei hetlou ahung chinat chiangin, ginna piaah ahih mansangsiah suhdam ahi sih diinga huleh a ginna khan dungjuiin, suhdamna natoh suhlat ahi diing hi.

Tahsalam a mibangloute, a sapum uh piangsualte, huleh natna kumlui neite chu Pathian sillimdangte chauh in a sudam thei hi. Hujiahin, Pathian kawm ah kipumpiaahna leh ginna hu tungtawn a Amah a lungsiat va huleh a suhlungkim theihna uh a latsah diing uh ahi. Huchiangleh chauh Pathian in a ginna A phawh diinga huleh suhdamna A langsah diing hi. Mite'n Pathian a, a ginna haattah a suhlat chiangun – Bartimaeus in chihtahtah a Jesu a kouh bangin (Mark 10:46-52), sepaih zahoutu in a ginna thupitah Jesu a lah bangin (Matthai 8:5-13), huleh mijeng leh a lawmte li in a ginna uleh a kipumpiaahna uh a latsah bangin (Mark 2:3-12) – Pathian in suhdamna A pe diing hi.

Huchi mahbangin, dawi in a mat mite chu Pathian natohna tel lou in suhdam theih louh ahi va huleh a ginna uh a sulang thei sih uhi, vaan a kipat suhdamna laahsuh ahih theihna diingin, a inkuanpih dangte'n a bangkimbawlthei Pathian a gintaat va huleh A mai a ahung pai diing uh ahi.

2. Mite'n a gintaat theihna diing uh ginna a neih diing uh ahi.

Tapa hun sawtpi apat a dawi in ana matpa pa chu a ginna tawm jiahin Jesu'n a bultuung in A tai hi. Jesu'n chitah deuh a, "a gingta a diingin bangkim a hi thei hi," chia mipa kawm a, a chih laiin, a pa muuh in kiphuandohna dih ahung soidoh hi, "Ka gingta hi," chiin. Ahihvangin, a ginna chu heetna chiang ah a khawl hi. Hujiahin a pa'n Jesu a ngen a, "[Hung panpih in] ka ginlelhna!" chiin (Mark 9:24). A pa apat panpihna ngetna, a lungtang chitah, nguntaha a haamteina, huleh ginna A zaahna ah, Jesu'n A he a, a pa chu tua a gintaat theihna ginna A piaah hi.

Huchimahbangin, Pathian ko in i gintaat theihna ginna i tang thei a huleh hitobang ginna toh i bawinate dawnna mu diingin i hung buching thei a, huleh "a hitheilou" chu "a hithei" ahung suaah diing hi.

Khatvei a pa'n a gintaat theihna diing ginna ahung neih kalsiah, Jesu'n hichia thu A piaah laiin, "Nang hagau bilngong leh haam thei lou, thu ka hung piaah hi, amah apat in hung pawt inla luut kiit nawn sin," hagau gilou in a tapa chu a nusia hi (Mark 9:25-27). A pa muuh in a gintaat theihna diing ginna a nget a Pathian hung kigolhna a nget laiin – Jesu'n A tai nung nasan in – Jesu'n suhdamna natoh limdangtah a langsah hi.

Jesu'n tapa hagau in a mat a, huleh haam thei lou a, a koih, huleh phungjawl vei a huchia puuh jeljel a, a kam apat chilphuan pawt, huleh a ha gawi huleh a tha hung khauh nasan zong Jesu'n A dawng a huleh suhdamna bukim A piaah hi. Huchiin, Pathian silbawltheihna hukhu tungtawn a silbangkim hithei huleh A Thu a hingte kawm ah, silbangkim hoihtaha a pai diing A phatsah a huleh hinkhua chidam ah A pui sih diaimah?

Manmin kiphuhdoh zohnung sawtlou in, Gang-won Gamkaih apat a tangval khat in thuthang ana zaah in biaahinn ahung veh hi. Tangvalpa'n Sunday Skul houtu a pangin huleh lapawl a tel in Pathian na ginumtaha sem a kingai hi. Ahihvangin, a kiletsah mahmah jiahin huleh a lungtang a giloute paihmang lou a husanga sualna a khawlkhawm jiahin, tangvalpa chu a lungtang niin sunga dawi a luut a huleh a tenchilh nung in a genthei hi. A pa chitahtaha a haamteina leh kipumpiaahna jiahin suhdamna natoh chu a kilang hi. Dawi hihna heetdoh leh haamteina jiaha nohdoh ahihnung in, tangvalpa kam apat chilphuan hung pawt in, a nungjang in a kilep a, huleh silgim namsetah ahung pawt hi. Hih siltung zoh in, tangvalpa hinkhua chu Manmin a thudih toh a kigalthuam jiahin suhtah in a um hi. Tuni in, amah chu Gang-won ah a biaahinn vah ginumtaha natong in a um a huleh mihing simseenglouhte toh suhdam ahihna tanchin soivel in Pathian paahtawi in a um hi.

Pathian natohna chu phatawp nei lou ahi leh hukhu jalin silbangkim ahi thei chih na hung heetsiam ah, huchia haamteina a Pathian ta deihtah na hung hih chauh hi lou a himahleh a misiangthou deihtah hun teng a silbangkim hoihtaha pai na hung hih chu, Lalpa min a ka haamteina ahi!

Bung 7

Naaman Miphaah Ginna leh Thumanna

2 Kumpipate 5:9-10; 14

Huchiin Naaman a sakolte leh a kaangtalaite toh ahunga, huleh Elisha umna inn kotkhaah ah ava dinga.

Huleh Elisha in a kawmah mi asawla, Chiah inla, Jordan luui ah sagihvei va kidiahin, huchiin na tahsa ngei na hung po diinga, na siangthou diing, a chia.

Huchiin a pai suha, Pathian mipa soi dungjuiin Jordan ah sagih vei ava kidiaha; a tahsa naungeeh chi bangmei ahung hita a, a siangthouta hi

Sepaih Sap Naaman Miphaah

I damlai hun sungin, buaina leh neu i phukha hi. Khatveivei mihingte hihtheihna khel ah buaina i tuaah uhi.

Israel gam maallam ah gam khat Aram kichi ah, sepaih houtu Naaman kichi khat a um hi. Ama'n Aram sepaihte chu hun hahsatah ah gual a zohpih hi. Naaman in a gam a lungsiat a huleh a kumpipa na ginumtahin a tohsah ahi. Kumpipa'n Naaman sangtahin koih mahleh, sepaih saap chu koimah in a heet louhin a guuh in a lungkham mahmah hi.

A lungkhamna bang jiah ahi? Naaman chu hauhsatna ahihlouhleh minthanna a neih louh jiaha lungkham ahi sih hi. Naaman in a hinkhua ah phaah, natna dam thei lou a hun laia suhdam theih louh natna, a neih jiahin genthei kisa a um in huleh kipaahna a mu sih hi.

Naaman hun laiin, phaah natna veite chu a sianglou in a kingaihtuah hi. Khopi huamsung polam ah a tuam a khum in a um uhi. Naaman natna chu a thuaah hahzawsem hi ajiahchu, a nathuaahna ban ah, natna toh kijui buaina dang a um hi. Phaah natna heetnate lah ah sapum a chibawh, a diaahin a mikhat mai a, a baan leh a keeng polam, a keengphaang sunglam, huleh khophawhna a sudau, chihte a tel hi. A khawh mahmah dinmun ah, mitmul, khutchin, huleh keengchinte a kiaah a huleh a veh a kilatdan ah a lauhhuai lam ahi.

Huchiin nikhat, Naaman natna suhdam theihlouh a na leh a hinkhua nuamna mu thei lou in thu hoih ahung za hi. Israel apat numei naupang salmat khat a zi natongtu soi dungjuiin Samaria ah zawlnei khat Naaman phaahna sudam thei diing khat a um hi. Ama'n a damna diinga bangmah bawl louh diing nei lou in, Naaman in a natna neih chu kumpipa a hilh a huleh a suaahnu apat a, a thuzaah zong a hilh hi. A sepaih saap ginumtah Samaria a zawlnei mai a, a pai leh dam diing ahi chih thu a za in, kumpipa'n thanuamtahin Naaman a panpih a huleh Naamna luang in Israel kumpipa kawm ah lehkhathon a gial hi.

Naaman in dangka talent sawm, sana shekel saang guup leh puanthuah sawm leh kumpipa lehkhathon, hichia kigial, "Hi lehkhathot na muh tahchiangin, ngaiin, ka suaah Naaman a phaah na suhdam diingin na kawmah ka hung sawl hi(c.6)" keng in Israel manoh in a pai hi. Hu laitahin, Aram chu Israel gam sanga hatzaw gam ahi. Lehkhathon Aram kumpi apat hung kithot a sim in, Israel kum in a puan a botkeeh a huleh hichiin a chi hi, "Kei Pathian ka hiaimah? Bang diinga hipa'n a miphaah suhdam diinga ka kawm a hung sawl ahiai? En un bangchidan a thusia hawl a hung phin sawm ahiai!"

Israel zawlnei Elisha in hih thu a zaah in, kumpipa kawm ah a hung a hichiin a chi hi, "Bangdiinga na puante botkeeh na hiai? Amah ka kawmah hung sawlin, huchiin Israel gamah zawlnei aum hi chih a he diing hi, a chia" (c. 8).Israel kumpipa'n Naaman Elisha inn a, a sawl chiangin zawlnei in sepaih saappa a kimuh sih a hizongleh palai tungtawn in hichiin a chi hi, "When the king of Israel sent Naaman to Elisha's house, the prophet did not meet with the general but only said through a messenger, "Chiah inla, Jordan luui ah sagihvei va kidiahin, huchiin na tahsa ngei na hung po diinga, na siangthou diing" (c. 10).

Hichu Naaman a diing bangchituha sil nuamlou hi diing adiai, zawlnei in huchia ana lamtuaah lou leh kimuhpih lou a, a um? Sepaih saappa ahung lungthahta hi. Israel gam sanga hatzaw gam sepaih lamkai in a va veh leh, zawlnei in hoihtaha ana lamtuaah a huleh a tung a khut a ngah diing ahi chiin ana ngaihtuah hi. Huchih naahsangin, Naaman in lamtuaahna nuam loutah zawlnei apat in a dong a huleh Jordan Lui bang lui neu leh niin a va kisil diinga kisawl in a um hi.

Lungthah in, Naaman in kilehkiit sawm in, hichiin a chi hi, "Hizongleh Naaman chu a thang atawma, a chiah manga, Ngaiin, amah ngeei ka kawmah ahung pawtin, ding pumin, LALPA Pathian min louin, a khut a natnate tungah koihin, a phaah sudam diingin ka ngaihtuah ahi a. Abana, Pharpar, Damaska luuite bang Israel gam luuite saangin a hoihjaw hi lou ahiai mah? hute haw a kisilin siangthei lou ka hiai mah? a chia.

Huchiin a kilehheia lungthahtahin a paita hi" (c.11-12). Inn lam kilehkiit diinga a kisah laitahin, Naaman suaahpa'n a van gen hi. "Pa aw, zawlneiin sil loupitah bawl diingin hung na chi hile'zong na bawl nuam sih diai mah? na kawma, Va kisil inla, siangthouin, a chih peen bawl suh mei diinga pha hi lou mo?" A pu uh Elisha thupiaah mang diingin a ngen uhi.

Jordan Lui a Elisha in a thupiaah dungjuia Naaman sagih vei a va kidiah chiangin bang a chi ei? Naupang chi bangin a tahsa chu ahung siang hi. Naaman naahpi a sunatu phaah chu ahung damvehtah hi. Mhing suhdam theih louh natna suhdam veh ahung hih chiangin, sepaih saappa'n Pathian hing leh, Elisha, Pathian mipa ahung phawhta hi.

Pathian hing – phaah Sudamtu Pathian, silbawltheihna ahung tuaah nung in – Naaman chu Elisha kawm ah a va chiah kiit a, hichiin a kiphuang hi, "Huleh amah leh a lawite jousiah Pathian mipa umna lamah a kiihkiit va, a tun phetun a ma-ah ava dinga, a kawmah, Ngaiin, Israel gamsung ah chihlouh leitung pumpi ah Pathian mun dang ah aum sih chih ka heta hi: hujiahin na suaah kipaahmante hung saan-sah mahmahin, a chia. Hizongleh ama'n, A ma-a ka din jingna LALPA Pathian min louin ka chi ahi, khatcha zong ka la sih diing, a chia. La diingin a ngeen teeiteeia, hizongleh a uut sih hi. Huleh Naaman in, Ahih taahlouh leh na suaah kawmah leitang sabiltung nih puah hung pe thei le'chin mo? ajiahchu na suaahin tuapatin LALPA kawmah chihlouh ngaal pathian dangte kawmah sillat leh haalmang kithoihna mawngmawng ka laan nawn sih diing" (2 Kumpipate 5:15-17).

Naaman Ginna leh Natoh

Tuin Naaman, Sudamtu Pathian mukha leh natan suhdam theih louh apat suhdam a um, ginna leh natoh i enchian diing uh.

1. Naaman Sialehpha Heetna Hoih

Mipi khenkhatte chu midrangte thusoi pom diing leh gingta diinga mansa in a um va, khenkhatte ahihleh midang gingta lou diing leh muang mawngmawng lou diinga um a um uhi. Naaman in sia leh pha heetna hoih a nei a, midangte a thusoi pom lou belbul in a um sih a himahleh pom thei in a um hi. Israel gam ah a va hoh thei a, Elisha thupiaah a mang a, huleh suhdamna a tang hi ajiahchu ama'n ngaihsah lou a um lou in hizongleh a zi natongtu numei naupang khat thusoi ngaihsah in a gingta hi. Hih naupang Israel gam apat mat a um in a zi kawm a hichia, "Ka pu chu Samaria a um zawlnei toh umkhawm hileh aw chi nang e! A phaahna chu suhdam hi diing hi a" chih lai in, Naaman in a gingta hi. Nang hilehchin bang na bawl diai? A thusoi a bawn in na pom diai? Tuni damdawi lam siamna a santaah mahmah vangin, damdawi phattuam louhna natna tampi a umta hi. Midangte kawm Pathian in ka natna suhdam theih louh hung suhdamsah ahihlouhleh haamteina ka tan nung in suhdam ka hi chi lechin, mi bangzah in hung gingta diingin na ngaihtuah ei? Naaman in naupang thusoi a gingta a, kumpipa kawm ah phalna a va la a, Israel a chiah a, huleh a phaah suhdam in a um hi. Soidan tuam in, Naaman in sialehpha heetna hoihtah a neih jiahin naupangnu'n amah kawm thu a soi chiangin a thusoi a pom thei a huleh huh dungjuiin a gamta hi. En zong tanchinhoih i soi chiangun, Naaman banga thu kisoi i gintaat va huleh Pathian mai a i hung va ahihleh i buainate dawnna i mu thei uhi chih i heet diing uh ahi.

2. Naaman in a Lunggelte A Heng

Naaman Israel a kumpipa kithuahpihna toh a chiah in huleh Elisha, zawlnei phaah sudam thei, inn ahung tun in, vaidawnna nuamloutah a tuaahkha hi. Elisha, gingloutu Naaman mitmuh a minthanna ahihlouhleh khotaang a dinmun sang nei lou,

Aram kumpipa suaah ginumpa ana vaidawn hoih louh a, huleh Naaman kawm a – a suaahpa tungtawn a – Jordan Lui a sagih vei kidiah diinga ana hilh chiangin, a lungthah petmah ahi. Naaman chu a lungthah hi ajiahchu amah Aram kumpi ngei in a sawl ahi. Huban ah, Elisha in a mun ah a khut ana nga sih a hizongleh huchih naah sangin Jordan Lui tobang a lui neu leh lui niin va kidiah leh a dam diing chiin ana hilh hi.

Naaman chu Elisha leh a zawlnei gamtatna tung ah, amah lunggelna a, a heetsiam theih louh sil ah, a lungthah hi. Innlam a kilehkiit diingin a kisa a, a gam a lui lian leh siangzaw tampi um leh hute laha khat ah kidiah leh a siangzaw diing chih ngaihtuah kawm in. Hulaitahin, Naaman suaahte'n a pu chu Elisha thusoi mang diing leh Jordan Lui a va kidiah diingin a sawl uhi.

Naaman in sialehpha heetna hoih a neih jiahin, sepaih saappa'n amah ngaihdan bawl lou in husangin Elisha thupiaah man sawm in, huleh Jordan lam a zuanta hi. Naaman dinmun a dingte lah ah, mi bangzahte a kisiih un huleh a suaahte ahihlouhleh amau sanga dinmun ngiamzote thusoi mang in a um diviai?

Isaiah 55:8-9 a i muh bangin, "'Bangjiahin ahiai i chin leh ka ngaihtuahnate lah na ngaihtuahnate uh ahi sih a, huleh na umdaante u'zong ka umdaan ahi sih,' LALPA'N achi hi.

Ajiahchu vaante lei saanga asaanjawh mahbangin, huchiin ka umdaante chu na umdaante uh saangin asaangjaw a, huleh ka ngaihtuahnate chu na ngaihtuahnate uh saangin asaangjaw hi" mihingte lunggel leh ngaihdan i tudet chiangun, Pathian Thu i mang thei sih uhi. Kumpi Saul Pathian thumang loupe beina i manghilh sih diing uhi. Mihing ngaihtuahnate a laahlut va huleh Pathian deihzawng i bawl louh chiang un, hichu thumanlouhna natoh ahi, huleh i thumanlouhna a phawhdoh louh va ahihleh, Pathian in Kumpi Saul ana nuutsiat bangin ahung nusia in ahung nual diing hi.

1 Samuel 15:22-23 ah hichibang kigial i mu hi, "Huleh Samuel in, 'LALPA'N Lalpa thumanna akipaahpih bangin haalmang sillat leh kithoihna tungah kipaahna nasatah anei eimah? Ngaiin, thuman chu kithoihna sangin ahoih jawa, huleh thujop chu belaamtal thau sangin a hoijaw hi. Bangjiah ahiai i chihleh helna chu dawi-ai-saan siamna sual tohbang ahia, huleh engtatna lah milim biahna sual toh akibanghi. Nangma'n LALPA thu na deih louh jiahin, ama'n zong kumpipa diingin ahung deih sih hi,' achi a."

Naaman in a lung a gel non a huleh a ngaihtuah a heng a huleh Elisha, Pathian mipa thupiaah a jui hi.

Huchi mahbangin, i thumanlouhna lungtang i paihmang va huleh Pathian deihna banga thumanna lungtang a i kihen va ahihleh, i lungtang deihzawng i ngah thei uh chih i manghilh sih diing uhi.

3. Naaman in Zawlna Thusoi A Mang

Elisha thupiaah jui in, Naaman chu Jordan Lui ah a chiahsuh a huleh a va kidiah hi. Jordan sang lianzaw leh siangzaw lui tampi a um hi, hizongleh Elisha in Jordan a va chiah diinga thu a piaah in hagaulam poimohna a nei hi. Jordan Lui in hutdamna a ensah a, huleh tui in Pathian Thu mite sualna sawpsiangtu leh hutdam chiang a puitung thei a ensah hi (Johan 4:14). Hujiahin Elisha in Naaman chu Jordan Lui hutdamna lampi a puitu a va kidiah diing in a sawl hi. Bangchituhin lianzaw in siangzaw zongleh, lui dangte'n mite hutdamna ah a puitung thei sih va, huleh huchiin huh tuite'n Pathian natohna a langsah thei sih uhi.

Jesu'n Johan 3:5 a ahung hilh bangin, "Jesu'n adawnga, Chihtahjetin, chihtahjetin ka hung hilh ahi, Mi koipouh tui leh Hagau a apian louhleh Pathian gam aluut sih diing hi" amah leh amah Jordan lui a va kidiah in, Naaman a diingin a sualnate ngaihdamna diing leh hutdamna diing, huleh Pathian hing toh kituaahna diing lampi hon ahita.

A chihleh, bang diing, Naaman chu sagih vei va kidiah diinga sawl a um ahiai? Nambar "7" chu nambar bukim bukimna ensahtu ahi. Naaman chu sagih vei va kidiah diinga sawl in, Elisha in sepaih saappa chu a sualnate ngaihdamna tang diing leh Pathian Thu a teenng veh diingin a hilh hi. Huchiang leh chauh Pathian silbangkim hih theihna neitu deihzawng hi thei in suhdamna natoh hung sulang in huleh natna suhdam theih louh sudam in ahung um diing hi.

Huchiin, Naaman in zawlnei thu a manna jalin, a phaahna, damdawi leh mihing silbawltheihna in phattuamna a neih louh, apat suhdamna a tang chih i he hi. Hikhu tungtaang Bible in mawltahin hichiin ahung hilh hi, "Ajiahchu Pathian thu chu ahinga, sil abawltheia, naamsau hiamtuah saangin ahiam jaw a, hinna leh hagau, huleh guhtuah leh chintuiguh khenthei khopin asun theia, lungtanga ngaihtuahte leh tupte hekhentu ahi. Silsiam khat mah amah mitmuha kilanglou mawng mawng aum sih a; akawma i tanchin i tutna diingpa mitmuh a'chu bangkim saguaah leh kihongsa ahi." (Hebraite 4:12-13).

Naaman chu Pathian Amah a bangmah ahi thei lou um lou mai ah a chiah a, a lunggel teng heng in, kisiih in, huleh A deihzawng bawl in a um hi. Naaman chu Jordan Lui a sagih vei a va kidiah chiangin, Pathian in a ginna A mu a, a phaahna A sudam a, huleh Naaman tahsa chu ahung hoih kiit a huleh naupang bangin a hung siang hi.

Chetna mawltakhat phaah suhdamna chu A silbawltheihna

chauh in ahi thei chih hung musah in, Pathian in a damtheilou natna chu i ginna natoh toh kiton toh Amah i suhlungawi chiangin a suhdam theih hi chih ahung hilh hi.

Naaman in Pathian A Paahtawi

Naaman a phaahna suhdam ahih zoh in, Elisha kawm ah a hung kiit a, hichiin a kiphuang hi, "Tuin Israel chih louh a Pathian khovel ah a um sih chih ka he hi…na suaah in LALPA kawm ah chih louhngal pathian dang koimah kawm ah halmang sillat leh kithoihna a bawl nawn sih diing hi" a chi a Pathian a paahtawi hi.

Luke 17:11-19 chu mi sawmte'n Jesu a kimuhpih va a phaah uh suhdam ahihna thu ahi. Ahihvangin, mi khat Jesu kawm ah ahung kilehkiit, aw ngaihtahin Pathian a phat a, huleh Jesu keengbul ah a kuun a huleh kipaahthu a soi hi. Chang 17-18 ah, Jesu'n mipa a dong a, "Sawmte suhdam hilou ahi viaimah? Kuate khoi a um ahi viai? Koimah Pathian paahtawi diinga hung kileh lou uh maw, hih mikhualpa chih louh?" A baan chang 19 ah, mipa hichiin A hilh, "Ding inla chiah in; na ginna in ahung sudamta hi." Pathian silbawlthiehna jala suhdamna i tan va ahihleh, Pathian i paahtawi va, Jesu Khrist i pom va, huleh hutdamna chiang i tun uh chauh hilou in, hizongleh Pathian

Thu a i hin diing uh ahi.

Naaman in hubang ginna leh natohna huh tungtawn a, a phaahna, huh hun laia natna suhdam theih louh, chu suhdam theih a hung um, a nei hi. Ama'n sialehpha heetna hoihtah a suaah salmat a um naupangnu thusoi gintaat theihna diing a nei hi. Ginna zawlnei va vehna diinga silpiaah manphatah guanggalhna diing a nei hi. Zawlnei Elisha thupiaah toh amah ngaihdan kituaah sih mahleh thumanna natoh a sulang hi.

Naaman, Gentel khat, chu natna damtheilou in a na a, hizongleh a natna tungtawn in Pathian hing toh a kituaah va huleh suhdamna natoh a tuaahkha hi. Pathian bangkimbawlthei mai hung photmah huleh a ginna leh natoh sulang in bangchituha hahsa hizongleh a buaina jousiah dawnna a mu diing hi.

Ginna manpha na hung neih a, huh ginna chu natoh toh na latsah a, hinkhua a na buaina jousiah dawnna na tan a, huleh misiangthou hampha Pathian paahtawitu na hung hih chu, i Lalpa uh min a ka haamteina ahi.

A Gialtu:
Dr. Jaerock Lee

Dr. Jaerock Lee chu Muan, Jeonam Province, Republic of Korea ah 1943 kum in a piang hi. Kum sawmnih ahihnungin, Dr. Lee chu suhdamtheihlouh natna tampi kum sagih sung a thuaah a, huleh damdohna diing kinepna um lou in sih diing ngaah in, a um hi. Kum 1974 in khokhal laiin ni khat a sanggamnu'n biaahinn a pui hi huleh khupdin a a thum chiangleh, Pathian Hing in a natna jousiah apat in a damsah veh hi.

Hutobang siltuaah toh Dr. Lee in Pathian Hing a muh toh kiton in ama'n Pathian a lungtang leh a chihtahna jousiah toh a lungsiat a, huleh 1978 kum in Pathian suaah diing a kouh in a um hi. Ama'n Pathian deihzawng kichiantah a a heettheihna diing leh a suhbichintheihna diing leh Pathian Thute a man veh theihna diingin chihtahtahin a thum hi. 1982 kum in, Manmin Central Kouhtuam, Seoul, Korea ah a phutdoh hi, huleh Pathian natohna simseenglouh, limdangtah a suhdamna leh silmahte zong tel in, a biaahinn ah a tung hi.

1986 kum in, Dr. Lee in Korea a Jesus' Sungkyul Kouhtuam a Kumtawp Khawmpi ah pastor a ordained ahi a, huleh kum li zou in 1990 kum in, a thusoite Australia, Russia, Phillipines leh a dang tampi a Far East Broadcasting Company, Asia Broadcast Station, leh Washington Christian Radio System tungtawn in hahdoh ahi.

Kum thu zohin 1993 kum in, Manmin Central Kouhtuam chu Christian World tanchinbu in (US) in 'World's Top 50 Churches (Khovel a Kouhtuam Lian 50 te)' lah a khat in a teldoh hi huleh ama'n Honorary Doctorate of Divinity, Christian Faith College, Florida, USA apat a ngah hi, huleh 1996 kum in Kingsway Theological Seminary, Iowa, USA ah Ph. D in Ministry a la hi.

1993 apat in Dr. Lee in tuipi gaal lam gamte, Tanzania, Argentina, L.A., Baltimore Khopi, Hawaii, leh USA a New York Khopi, Uganda, Japan, Pakistan, Kenya, Philippines, Honduras, India, Russia, Germany, Peru, Democratic Republic of the Congo, leh Israel a chialpina a bawlna tungtawn in world mission ah lamkaihna a la hi. 2002 in amah chu "khovelhuap pastor" chiin gamdang mun tuamtuam a, a natohna Great United Crusades jalin Korea a Khristian tanchinbu liante'n a kou uhi.

September 2010 tan ah, Manmin Central Kouhtuam in kouhtuam membar 100,000 vaal a nei hi. Gamsung leh tuipi gaal ah kouhtuam 9,000 khovel pumpi huap in a nei a, hu lah ah kouhtuam kahiang 54 Korea khopilian tuamtuam ah a um hi, huleh missionary 132 valte gam 23, United States, Russia, Germany, Canada, Japan, China, France, India, Kenya, leh adang tampi telin a sawldoh hi.

Hi lehkhabu kisuahdoh hun tan in, Dr. Lee in lehkhabu 60, a kizuaahdoh tampen (bestsellers) Sih Ma A Kumtuang Hinna Cheplawhna (Tasting Eternal Life Before Death), Ka Hinkhua Ka Ginna I &II (My Life My Faith I&II), Kross in a Thusoi (The Message of the Cross), Ginna Buuhna (The Measure of Faith), Vaangam I &II (Heaven I & II), Meidiil (Hell) huleh Pathian Silbawltheihna (The Power of God), tel in a gial hi. A lehkha gelhte haam 44 valin lehdoh ahi.

A Khristian thugelhte, The Hankook Ilbo, The JoongAng Daily, The Chosun Ilbo, The Dong-A Ilbo, The Munhwa Ilbo, The Seoul Shinmun, The Kyunghyang Shinmun, The Hankyoreh Shinmun, The Korea Economic Daily, The Korea Herald, The Shisa News, leh The Christian Press ah ahung tuang hi.

Dr. Lee chu tu leh tu in missionary pawl leh pawlpi tampi ah, A Lu (Chairman), The United Holiness Church of Jesus Christ; Lamkailian (President), Manmin World Mission; Lamkailian Hi Tawntung (Permanent President), The World Christianity Revival Mission Association; Mudohtu (Founder), Manmin TV; Mudohtu (Founder) & Board a, A lu (Chairman), Global Christian Network (GCN); Mudohtu (Founder) & Board a, A lu (Chairman), World Christian Doctors Network (WCDN); leh Mudohtu (Founder) & Board a, A lu (Chairman), Manmin International Seminary (MIS)te hihna a tu hi.

www.ingramcontent.com/pod-product-compliance
Lightning Source LLC
LaVergne TN
LVHW051950060526
838201LV00059B/3590